Bibliothek
des 18. Jahrhunderts

Anselmus Rabiosus

Reise

durch

Ober-Deutschland.

Salzburg und Leipzig.

1778.

WILHELM LUDWIG WEKHRLIN

Anselmus Rabiosus

Reise durch Oberdeutschland

Verlag C. H. Beck München

Herausgegeben, erläutert und mit
einem Nachwort versehen von Jean Mondot
Textbearbeitung von Heide Hollmer

Schutzumschlag: Wekhrlin. Kupferstich von C.W. Bock
nach einer Zeichnung von Hessel.

Mit einem Faksimile des Titelblatts der
Erstausgabe Salzburg und Leipzig
[d.i. Nördlingen bei Beck] 1778
und einer Reproduktion des Kupferstichs von A.W. Küfner (1788)
nach der Portraitzeichnung von A. Schweigländer.

Die ›Bibliothek des 18. Jahrhunderts‹
erscheint in der Verlagsgruppe Kiepenheuer, Leipzig und Weimar,
und im Verlag C.H. Beck, München.

ISBN 3 406 32819 9

Satz und Druck: C.H. Beck'sche Buchdruckerei Nördlingen
Schrift: Garamond-Antiqua
Bindung: Großbuchbinderei Monheim
Printed in Germany

Österreich.

. . . Zuweilen sagt auch ein leichtsinniger
Skribent etwas Wahres.

Literarische Monate.

Wien, bei Johann Thomas Edlen von
Trattnern. 8. Dezember 1776.
Seite 123. Denkw. v. Wien.

Linz. Landkarte Österreichs. Von den schönen Linzerinnen.

Ja, es ist an dem – Linz ist ein allerliebstes munteres Städtchen. Hier ist der Standpunkt, den man sich aussuchen muß, um die Lage Österreichs zu betrachten.

Der schöne, reine und lachende Himmel, der sich nach Wien hinab ergeußt, gibt dem Aug Stärke.

Soweit sich mein Sehrohr erstreckt, werde ich eine ziemlich fruchtbare Flur gewahr. Wenig Städte und Dörfer – desto mehr Klöster und adeliche Häuser. Gesunde und wohlgestaltete Menschen. Jenseits der väterliche Donaustrom, von dem uns *Marsigli* eine sehr vollständige und sehr prächtige Beschreibung gegeben.

Dieser Fluß, welcher wechselsweis von dem Blute der Sarazenen, der Franzosen, der Engländer und Deutschen gefärbet worden, ziehet dem Haus Österreich, in dessen Schoß er fleußt, unendliche Vorteile zu. Sie bestehen in der Erleichterung der Truppentransports, der Munitions- und Lebensmittelzufuhr, und in der Handlung. – Diesseits die Safrangärten, welche wegen der Güte ihrer Gattung berühmt sind. Eine gelinde und freundliche Atmosphäre. Wohltätige Gesetze. Frugale Sitten. Eine holde Natur.

Dieser glückliche Himmel ists, unter welchem die *schönen Linzerinnen* wachsen. Zwar scheint es, daß man dieses Kompliment mehr ihrer Kleidertracht gemacht habe, als ihrer Person. Die meisten Mädchens sind klein. Aber ihre Bildung ist von griechischem Profil, und ihre Kleidertracht ist sehr interessant.

Um hievon mit Geschmack zu urteilen, muß man in das eine halbe Meile vor Linz liegende Frauenzimmerkloster gehen. Hier befindet sich das Bild einer Oberösterreicherin in Lebensgröße. – Nichts Vollkommeneres hat man in der weiblichen Schönheit, in der Grazie des Wuchses und der Bildung eines Frauenzimmerkörpers, nichts Prächtigeres in der Kleidung gesehen. Die Legende behauptet, weil das ganze Land von der Schönheit dieses Mädchens bezaubert gewesen wäre, so hätte sie ausdrücklich der Mutter Gottes ein Opfer damit machen wollen.

In der Tat scheint sie diese Höflichkeit mehr dem heiligen Antonius schuldig gewesen zu sein, welcher der Schutzpatron von Oberösterreich ist.

Vom Strudel und Wirbel. St. Pölten. Neustadt.

Dicht an dem alten Städtchen Ybbs, wohin Herzog Ernst die schöne Magelone flüchtete, ist der berufene *Donaustrudel.* Man sagt, daß die *Kaiserin Königin* geruhet hätte, Vorschläge anzunehmen, diesen kritischen Fleck gänzlich wegzuräumen. Vermutlich würde dieser, der berühmten Neigung jener großmütigen Prinzessin für die Verbesserung des Wohlstands ihrer Staaten, sehr ähnliche Entwurf in der Geschichte ihrer glänzenden Regierung eine merkwürdige Stelle machen. Aber da die Gefahr nicht im mindesten Verhältnisse mit den Unkosten stehet, so zu dieser Unternehmung gehören, so ist zu vermuten, daß es die Finanzkammer für keine ihrer convenablesten Operationen halten werde.

Der Strudel bei Ybbs ist ein unbedeutender Fleck, welcher durch die Schiffer und Bettelleute ins Geschrei gebracht worden. Diese, welche auf kleinen Nachen herbeirudern, fodern den Reisenden ein Almosen ab, gegen das Versprechen, bei einem gewissen Heiligen, welcher die dortigen Gewässer beschützt, vorzubitten. Allein, da sie den nämlichen Weg zu betreten haben, und ihre Böte ungleich gebrechlicher sind, als die Marktschiffe, für die sie sich interessieren wollen, so siehet man, daß sie nötiger hätten, für sich selber besorgt zu sein. – Bei jenen ist es eine Schifferpolitik, den Strom an einigen Orten verdächtig zu machen, um die Frachttaxen in ihrer Höhe zu erhalten.

Das Schrecken, welches sich in die Welt der Handwerksbursche verbreitet hat, hat das Publikum verführt. Man sagt den Schneidergesellen, die zu Regensburg einschiffen, daß der Strudel ein ungeheurer Schlund sei, welcher die Schiffe, die sich ihm nähern, verschlinge – so wie der Riese Gargantua. – Wenn sie in Wien angelangt sind, so erzählen sie ihren Meistern und deren Frauen, daß sie die Gefahren des Colombs und des Ulysses überstanden hätten.

Diese, welche den Schiffbruch aus der Opera Dido kennen, zittern bei der Erzählung. Sie berichten es dem Autor, der bei ihnen zu Gast zu speisen pflegt. Er ermangelt nicht, es sich zu Nutze zu machen. So sind die Werke der *Popowitsche*, der *Weiskern* und anderer entstanden: Werke, die in dieser Art ebensoviel wert sind, als die Fabeln des Herodots oder des Gullivers.

Die merkwürdigsten Städte außer Wien und Linz, sind *St. Pölten* und *Wienerischneustadt.* Sie sind die Zufluchtsörter des unvermögenden Adels, und der Pensionisten, welche der Aufwand und die Teurung aus Wien verjagen. Deswegen haben sie eine Art von Hofton an sich. Sie haben ihre Gesellschaften, ihre Bälle und ihre Theater.

Als im Jahr 1761 jemand zu Wien den Satz aufwärmte, daß die Musen die Ruhe liebten, und daß die Zerstreuungen der Stadt der Natur der Studien widersprächen, so brachte man Wienerischneustadt in Vorschlag, um die Universität von Wien zu verlegen.

Man fing an, im Ernste von diesem Entwurfe zu sprechen, als der Hof einen Vortrag erhielt, worin ihm vorgestellt wurde, daß nach der Verfassung der Studien und des Geschmacks des heutigen Jahrhunderts, nicht genug wäre, wenn ein junger Gelehrter dasjenige besäße, wozu ihn die

Wissenschaften ohnehin beriefen; sondern daß man, zum Beispiel von einem Schüler der Polizeiwissenschaft, des Finanz- und Handlungswesens, fordere, daß er Filet stricken, daß er ein *Pas de deux* aus dem Ballett Agamemnon tanzen, daß er *Eau de la Marschalle* ansetzen, und durch die Zähne reden könne. Sachen, die sich nirgends anders, als im Umgange mit der feinen Welt, lernen.

Sittliche Geschichte Österreichs unter der Regierung Marie Theresens.

Je mehr sich ein Volk der natürlichen Simplizität nähert, desto leichter ist, dasselbe zu bilden. Dies ist der Zufall des Fohi, des Sesostris, des Kon-Fut-Se, Karls des Großen, Muhammeds, Peters I, und anderer Männer, die sich durch die Gesetzgebung, oder durch die Bildung der Nationen berühmt gemacht haben.

In der Geschichte jeden Volks liegt ein Zeitpunkt, wo es zu einer allgemeinen Wirksamkeit erweckt wird.

Dieser Zeitpunkt bestimmt beides, den Charakter und das Schicksal derselben. Ihn geschickt zu haschen, war das Verdienst jener Männer. Die Grundsätze, welche eine Nation zu dieser Zeit annimmt, haben ewige Eindrücke.

Solon und Brahma lebten unter Völkern, wo sich die Gesetze nach den Sitten richten mußten, und nicht die Sitten nach den Gesetzen. Sie herrschten mehr durch Gründe als durch Zwang. Es lag ihnen nicht nur ob, gute Gesetze zu erfinden; sie mußten die Menschen geschickt zu machen suchen, denselben nachzuleben. Bei ihren Nachfolgern hat sich die Maxime geändert. Die Macht gibt Gesetze, und die Sklaverei erzwingt, sie anzunehmen. Wenn die Religion den Nachteil, welchen dieser Wechsel der Bildung der Sitten zugefügt hat, nicht verbesserte, so wären die Menschen verloren.

Ists möglich, der Codex Austriacus, und der Codex Theresianus, die neuesten Gesetzsammlungen, die man in Österreich hat, enthalten nicht eine Zeile, welche würdig wäre, im Gesetzbuche Rußlands oder Sardiniens zu stehen? – Ach, Sterbliche! ein gutes Gesetz ist ein Stück vom Steine der Weisen.

Nichts ist gewisser, als daß die Sitten mehr beitragen, die Denkensart und den Willen einer Nation zu bestimmen, denn die Gesetze selbst. Die Sitten bestimmen den Grad der Vernunft, des Witzes, der Beugsamkeit, der Großmut, der Mäßigkeit, der Tapferkeit und der Gottesfurcht derselben – Tugenden, wozu man das Gemüt nicht zwingen kann. Die Gesetze kommen erst sehr spät. Sie lehren uns nicht, was wir lieben, sondern was wir hassen sollen. Dies ist ihre Unvollkommenheit.

Sie erleuchten weder den Verstand noch das Herz. Der Codex, welcher mit dem unsterblichen Namen *Marie Theresiens* pranget, atmet nicht eine Spur von dem Originalcharakter der Nation, von den Wirkungen des Clima, von dem angebornen Hange der Menschen zu Tugend und Laster, von der philosophischen Anschauungskraft eines Verbrechens, von der natürlichen Billigkeit, von dem Rechte der Menschen: welches vor dem Rechte der Gesellschaft herging.

Diese Erkenntnisse sinds, welchen man eine der neuesten und interessantesten Erfindungen im Reiche der Sitten schuldig ist. Die Errichtung der *Normalschulen*, welche in Österreich ihren Ursprung hat, ist die wichtigste unter allen Wohltaten, die wir dem Jahrhunderte *Marie Theresiens* schuldig sind: die schimmerndste Katastrophe in der merkwürdigen Geschichte ihrer Staaten.

Es war nicht wohl möglich, zu dieser Unternehmung zu gelangen, bis das Schicksal den Fall der Jesuiten vollführt hatte. Dies ist die Epoche der Nationalbildung Österreichs. Der Tag stund hinter den Ruinen der Jesuiterkollegien. Sobald jenes Idol gestürzt lag, und man versichert war, es würde sich von seinem Falle nicht mehr erheben, so ergriff man den Zeitpunkt.

Der erste Leitsatz, welcher dem Staate ins Gesicht fiel, war der Ausspruch des *Argesilaus.* »Was müssen die Kinder lernen? fragte man den Weltweisen« – »was sie als Erwachsene tun sollen« antwortete er. – Bisher hatte man gerade das Gegenteil gelernt.

Die Staatsklugheit der vorigen Zeit war diesem Lehrsatze um soviel entgegengesetzt, als die Gesetze mehr auf die Macht und Bequemlichkeit des Staats abzielten, als auf die Bildung der Nation. Die Regierung *Marie Theresiens* nähert sich der Weltweisheit der Alten um soviel, als man der Bildung der Nation den Vorzug vor dem ökonomischen Nutzen des Staats gegeben hat.

Provinzialcharakter (österreichischer). Eine Probe aus der politischen Rechenkunst.

Wenn man von dem angebornen Charakter eines Volks reden will, so sollte man die Urkunden dazu allezeit – nicht vom Lande – noch weniger von der Stadt, sondern – von dem Betragen ihrer Nationalen unter einem fremden Himmelsstriche, nehmen.

Man hat diese Gelegenheit in Ansehen der Österreicher selten. Der geringe Mann reist nicht viel aus: und was die Herrengattung betrifft, welche man größtenteils zu Wien findet, so sind ihre Sitten so unbestimmt und so zusammengetragen wie ihr Geblüt.

Wenn man ihr Feld betrachtet, so fühlt man sich nicht zu einem günstigen Vorurteil von ihrem Fleiße geneigt. Allein die Entvölkerung entschuldigt sie. Das junge Volk in Österreich läuft, sobald es die Beine tragen können, nach Wien, um die Livree anzuziehen, und in den Ställen, Kucheln und

Zimmern zu dienen. Hier verfeinern sie ihre kleine Personen. Wenn sie wieder aufs Land zurückkommen, so haben sie Ekel an der Arbeit.

Die jungen Bauren scheuen sich, einem vornehm gewordenen Mädchen ihr Bett anzutragen. Der Bürgersmann verachtet sie zu sehr, um sie des seinigen zu würdigen. Diese ausgewechselten Nymphen bleiben also ledig sitzen, und opfern ihr zurückgebliebenes Anteil an der Bevölkerung dem heiligen Antonius auf.

Nach dem meisten Teile betrachtet ist der Österreicher von einem aufrichtigen, guttätigen und beugsamen Naturell. Ihre Mädchens sind rund, lebhaft und munter wie die Rehe.

Ich habe mir die Sammlung der seit den letzten Jahren zu Wien in Druck gekommenen Bluturteln weisen lassen, welche sich ein philosophischer Zuschauer mit ununterbrochener Aufmerksamkeit erworben hat. Aus derselben habe ich mir einen Auszug nach meiner Art gemacht.

Ein Jahr ins andere gerechnet finde ich $6\frac{1}{4}$ öffentliche Hinrichtungen in der Hauptstadt. Hiebei verhält sich die Nation zu den Ausländern $4\frac{1}{4} = 2$.

Unter diesen 4 Subjekten, welche das Inland beiträgt, sind

Vergiftung, Meuchelmord, Rache, Mordbrennerei und andere Laster der höchsten und ausgesonnenen Bosheit . . . . 0.
Sodomie . . . . 0.
Kindsmord . . . . 1.
Diebsgriffe, Intrigen, umschweifendes Leben, und dergleichen Wirkungen des Elends und der Armut . . . . . 3.

Fortsetzung des Provinzialcharakters. Die Journalisten zu Wien.

Was die Kultur des Verstands unter den Österreichern anbetrifft, so höre man einen ihrer Chroniker:

»Unser Verstand ist immer übel geleitet worden. Einst krochen wir unter der Tyrannei der Jesuiten. Als diese fort waren, so kam zum Unglück die Schöngeisterei – statt der Philosophie. Wir hatten noch gar nichts im Reiche der Wissenschaften getan. Die Nation besaß nicht eine eigene Erfindung. Wir kannten weder den Gebrauch der Mechanik, noch der Sittenlehre aus Grundsätzen. Die Naturkunde und die ausübende Geometrie lagen noch im Traume.

Einige unserer vaterländischen Genies wollten von der Geschichte, und endlich* von der Handlung reden. Sie wurden von einer Reihe junger Leute unterbrochen, welche anfingen, Eklogen und Oden auf Flöten zu spielen. Der Haufe hing sich an diese junge Spielleute. Man verließ die Weltweisheit. Es schlugen sich zwo leichtsinnige Schwestern** zu den Spielleuten: ihr Gefolge ist die Schaubühne. Nun ließ man die Nation tanzen, bis sie in Schweiß geriet. ... Der Tanz würde nicht aufgehört haben, wenn die Spielleute nicht von einer Furie gestört worden wären, welche das Reich der Musen ausgespien hat. *Kritik* ist ihr Name. Ihre schmetternde Stimme unterbrach die Lust. Die Wissenschaften schöpften wieder einige Hoffnung. – Ach! sie waren noch zu jung, um zu wissen, daß diese Fremde von einem unverträglichern Naturell ist, als die Scherze und die Flöten.«

Das, was in dieser Allegorie Wahres liegt, ist, daß die schönen Künste und die Kunstrichterschaft für das Alter der Literatur in Österreich zu frühe affigiert worden sind.

Vermutlich sind es die heutigen Journale nicht, auf welche der Staat Aussichten macht. Die Polizei zu Wien betrachtet

* Sonnenfels.

** Melpomene und Thalie.

ihre Verfassere, so wie man in Westfalen Schweinschauer hält, um das Vieh so zu Markt gebracht wird, zu examinieren, ob es gesund oder krank sei? Sie geben die Woche hindurch ein- bis zweimal Nachricht von den wirklich grassierenden Krankheiten, von dem neuen Triebe, der angekommen ist, von der schlechten Ware, die auf dem Markte geht.

Statistik.

Die Polizei – insofern ihr Grundsatz die innere Sicherheit des Staats ist – eilt demselben in Österreich mit großen Schritten entgegen.

Unstreitig gründet sich die innere Staatssicherheit auf das Ansehen der obersten Gewalt, welches in der Güte der Gesetze und in dem Verhältnisse der Stände gesucht werden muß. In der Tat, der Hof hat eine der sichersten Maßregeln ergriffen, um die Reichtümer des Adels und der Klöster zu verflößen, die sich durch die Regierungen der Leopolde und Ferdinande anhäuften. Wo sind die Nachkommen des mächtigen Herzogs von Friedland? Im Spital. Der reiche Erbe des Grafen Czobor ladet sich, nach dem Beispiele Henrich des Großen, bei seinen Freunden zu Gast. Die Klöster zu Melk, zu Neuburg, zu Maria Taferl dienen zu keinen Mastungsställen mehr.

Nirgendswo trifft man vollkommenere Anstalten zu Begünstigung der Landesökonomie an. Die Einschränkung der Geistlichkeit, die Abstellung der Frondienste und die Verminderung der Feiertäge; die bei der Armee eingeführten Kapitulationen; die abgeschaffte Jagdlust; die Errichtung der Ackerbaugesellschaften, und endlich das auf den möglichst mittlern Ertrag eingerichtete Steuerregulativ, sind soviel Linien, die sich in der Aufnahme des Ackerbaues, als einem Mittelpunkte, vereinigen.

Welch ein blühendes Feld eröffnen sie nicht der Handlung. Sie hat, wo möglich, noch übertreffendere Beförderungsmittel. Nichts ist vollkommener als die Landstraßen in den österreichischen Staaten. Sie verdienen mit Recht den Namen, so sie führen, *Kaiserstraßen*. Das Monopol ist abgeschafft. Die Zünfte werden von dem Unsinne, der sie in ganz Europa drückt, gereinigt. Der Hof gibt jährlich einen baren Beitrag zur Emporbringung des einheimischen Handels von 1,650000 Gulden.

Im Jahre 1775 ließ die *Kaiserin Königin*, um den Fleiß und die Handlung zu ermuntern, dem ganzen Kaufmannsstande zu Wien den Adel anbieten. Es ist wahr, alles lief herbei, Gewürzkrämer und Buchdrucker. Aber sie konnte nur einen Baron *Fries* machen. Die Provinz war unendlich glücklicher. Böhmen, Tirol, Steiermark, Kärnten weisen einige Männer auf, deren Genie dem Staate Nutzen, und deren Reichtümer dem Vaterlande Ehre machen. Man kennt den Herrn von *Strolendorf* zu Klagenfurt. Er ist einer der nützlichsten und reichsten Bürgere der Monarchie. Seinem Fleiße hat man eine berühmte Stahlfaktorei, und einige andere wichtige Etablissements zu danken. Er hat dem Staate drei Enkel geschenkt, deren Erziehung den Ansprüchen des Vaterlandes entsprechen.

Fortgesetzte Statistik.

Die großen Hilfsquellen der österreichischen Monarchie bestehen im Staatskredit, im Kreislaufe des Geldes, und in der Geschicklichkeit der Finanzoperationen des gegenwärtigen Ministerii.

Wer sollte glauben, daß die Staatseinkünfte des Hauses Österreich heutezutag um 18¼ Millionen größer sind, als zu den Zeiten, wo der Hof noch die Kronen Spanien und Neapel, und die Goldgruben von Peru und Mexiko mit seinen

Ländern vereinigte? So wahr ist die Maxime, daß das Übermaß der Kräfte nicht das Glück eines Staats macht, sondern der gute Gebrauch derselben.

Der unermeßliche Staatskredit, welchen der Wiener Hof hat, ist aus der Sicherheit seiner Operationen, und aus jener Redlichkeit entsprungen, welche zu allen Zeiten ein unterscheidender Charakter seiner Politik war. Die Verfeinerung der Bank, und die Abschaffung der Pachter hat ihn vermehrt; aber die Kriegsmacht und die Bildung der Armee in den heutigen Zeiten hat ihn über sich selbst erhoben.

Diejenigen, welche die österreichischen Armeen noch unter dem Prinzen Eugen, unter dem Feldmarschall Khevenhüller, und selbst unter dem Feldmarschall Daun gekannt haben, sagen, daß nicht ein Schattenbild mehr von jenen Verfassungen vorhanden wäre. Sie erstaunen über den Anblick der Artillerie und der Bewegung der Truppen. Der Grad, worauf die Ökonomie gebracht worden, die Arsenale, die Manipulation der Kriegskanzlei sind Erscheinungen, welche ihren Zeiten unbekannt waren.

Sie sind das Werk eines der größten Ministere, welche die österreichische Monarchie jemals gehabt hat. Die gegenwärtige Verfassung der Armee macht in der Staatsgeschichte dieses Hauses einen unterscheidenden Zeitpunkt, den man dem Feldmarschall *Lacy* schuldig ist. Diese Verbesserung, welche in die Operationen des Kabinetts, und in die Waagschale der Unterhandlungen soviel Gewicht legt, wurde mit einem ebenso großen Mute ausgeführt, als sie entworfen war.

Vermöge des heutigen Zustandes der Armee und des Staatskredits ist Österreich, welches einst unter die Mächte vom zweiten Range gezählt wurde, auf die Stufe der ersten gestiegen.

Ach! welch ein Unglück! Man siehet keine unerschöpflichen Kriegskommissare mehr; man siehet nicht mehr aus Fleischhackern und Proviantbäckern gnädige Herren werden; man siehet keinen Liefranten mehr in einem sechsspännigen Postwagen fahren, und seine Tochter an einen Fürsten ausheiraten. Diese Leute sinds, welche mit Beihilfe eines Haufen Blechschmiede, Riemer, Büchsenschifter, Schneider und andere niederträchtige Geschöpfe eine große Masse Fluch zusammengetragen haben, so sie auf die Kriegsökonomien des Feldmarschall Lacy wälzen. Man lacht über die Unmacht dieser Elenden: unterdessen ergibt sich, wie vielfältig die Schwierigkeiten waren, welche sich dem Feldmarschall in Weg stellten. In der Tat seine Unternehmung war keine gemeine Unternehmung. Der Feldmarschall wollte nicht nur neue Begriffe einführen, sondern, was noch ein kühnerer Entwurf ist, alte Vorurteile abschaffen. –

Wie schwer mußte es nicht halten, Leuten, die aus den Zeiten der *Menzel* und der *Trenck* vorhanden waren, beizubringen, der Vorzug eines Offiziers bestehe nicht in dem, daß er den Ärmel zurückstreife, und der vorderste beim Einhauen sei; daß dieses höchstens das Verdienst eines Wachtmeisters oder Sergeanten wäre. Wie unbegreiflich mußten diesen Leuten nicht einige andere Lehrsätze der neuen Disziplin sein: z. B. daß Gehorsam eine ebenso militarische Tugend sei, als Tapferkeit; daß man, um Mut zu bekommen, nicht nötig habe, eine Bouteille Tokaier zu trinken; daß ein Offizier mit der Feder ebensogut umzugehen wissen müsse, als mit dem Degen; daß man als ein würdiger Offizier bei einem Regiment eintreten und dienen könne, ohne sich mit den Kamraden zu schlagen; daß man aus der Gottesfurcht eines Offiziers den Grad seiner Tapferkeit beurteilen könne?

Ich würde noch sehr viel in dieser Materie anzuführen haben, wenn es erlaubt wäre von einem Metier zu reden, wozu man nicht gehöret. Man hat eben zu der Zeit, wo der tollkühne und undankbare Pöbel zu Wien ihn verspottete, das Bildnis des Feldmarschall Lacy im Kabinette *Friedrichs II*[1] aufhängen sehen.

Von der Magistratur des kaiserl. königl. Hofs: eine Ausschweifung.

Von den Unterhandlungen zu Münster an bis auf die wegen Schlesien, und von dieser an bis auf die heutigen, klaget man über den Stolz der österreichischen Ministere. Sollte er eine Folge des Systems sein? Vielleicht war er bei einigen ein Fehler der Erziehung. Die Erziehung des wienerischen Adels war einst unter den Händen der Jesuiten. Sie war mehr pedantisch, als menschlich. Der Hof fügte noch eine Maxime hinzu, welche der Verfeinerung der Sitten beim Adel sehr widerstrebte, das Verbot außer Lands zu reisen.

Nichtsdestoweniger ist dieser vorgeworfene Stolz ein Gebrechen, welches seine Periode hatte. Es ist heutzutag nicht zu vermuten, daß ein österreichischer Minister noch ein Schlesien wagen wird, um ein Bonmot anzubringen.

Man muß wünschen, daß ein anderer Vorwurf, den man den Ministern zu Wien macht, weniger wesentlich wäre. »Wollen Sie die Langsamkeit unserer Expeditionen kennenlernen« sagte der verstorbene Reichshofratspräsident, Graf Windisch-Graetz, zum Preußischen Gesandten, »so lassen Sie sich eine Anweisung auf fünfzig ... prügel geben, und sehen Sie zu, wers Ihnen unter einem Vierteljahre auszahlt.« Dieser Einfall erschöpft alles, was man von der Verzögerung der Angelegenheiten zu Wien sagen kann.

Die Langsamkeit ist ein Stück vom deutschen Nationalgenie. »Sie wirkt, so sagt ein berühmter Schriftsteller, eben die Tugenden, deren Fehler die Flüchtigkeit der Behandlungen bei andern Staatsverwaltungen eingeführt hat: eine hinlängliche Ausreifung der Materie und Festigkeit im Urteile.«

Ich gebe es zu. Diesem Charakter der Verzögerung hat man es vielleicht beizumessen, daß unendlich verdrießlichere Laster, die die Regierung anderer Staaten drücken, z. B. die Gewalttätigung, die Erschleichung, die Zweideutigkeit, der

Widerruf von der österreichischen Magistratur entfernt geblieben.

Unterdessen glaube ich, daß noch ein anderes Mittel vorhanden ist, den Ruhm des Ministerii zu retten. Die Manipulation der Geschäfte ist größtenteils in den Händen einer Gattung Geschöpfe, die man *Dikasterianten* nennt. – Diese Dikasterianten sind Wesen, welche in den öffentlichen Ämtern dienen, und deren Beschäftigung im Detail, im Protokollieren, Registermachen, Dekretieren bestehet. – Ihre Fatuität ist ohnausstehlich. Die ansehnlichsten unter ihnen kultivieren einige Wissenschaften, wozu mehr Aufmerksamkeit als Genie erfodert wird. Die übrigen legen sich darauf, Makkaroni, Kupidons und liebenswürdige Pflastertreter zu machen. Man siehet, daß unter den Händen solcher Leute der Gang eines Geschäfts nicht gewinnen kann.

Unstreitig ist der deutsche Reichshofrat die vollkommenste Ministerschule in Europa. Auch weiß sich der Hof zu Wien dieses Vorteils sattsam zu bedienen. Das österreichische Staatssystem wird von einer Reihe Ministere in Bewegung erhalten, die aus dieser vortrefflichen Pflanzschule herkommen, und an deren Spitze der Fürst Kaunitz, und die Grafen Lacy und Hatzfeldt stehen.

Das Bild der Regierung Österreichs: in Rembrandts Manier.

»Als man nach dem Tode des 1770 zu Wien verstorbenen Königlich Sardinischen Bevollmächtigten Ministers, Grafen Canalis, seine Brieftasche eröffnete, so fand man folgende Schilderung der österreichischen Regierung, in französischer Sprache, von des Grafen eigener Hand.«

Eine Gewalt, die auf Überzeugung und Liebe gegründet ist – nicht auf Macht und Furcht. Gesetze, die in bekannten und auf das allgemeine Beste zielenden Endzwecken ihren

Grund haben – aber doch mehr Verordnungen, als Gesetze. Eine edelmütige Bemühung auf seiten derjenigen, welche unser äußerliches Schicksal zu bestimmen haben, das natürliche und geoffenbarte Licht in seiner Klarheit zu erhalten. Viel Polizei auf dem Papiere, aber nicht im Publikum. Versuche durch Ausbreitung der Wissenschaften und Beförderung der Nahrungsmittel dem Laster vorzubeugen, um es nicht bestrafen zu dürfen – ein Regent, welcher sich der Gewalt, so er über das Gesetz hat, nur bedient, um dasselbe zu mildern und Gnade zu erzeigen. Delikatesse im peinlichen Verfahren – zum Beweise der Unvollkommenheit der peinlichen Gesetze. Sicherheit des Eigentums. Mehr Routine als Studium. Eine Beamtenlogik, worin der Eigennutz das Augenmerk, und die Pflichten Mittel sind, diesen Zweck zu erreichen.

Landessitte und Gewohnheiten.

Die guten Tage sind selten bei einem Volke, welches größtenteils entweder unter Pfaffen oder Edelleuten lebt. Wenn sich der Österreicher einen guten Tag machen will, so geht er wallfahrten. Er versiehet sich mit seinem übrigen Geld und geht nach Maria Taferl, oder nach Mariazell, oder nach Maria Lanzendorf. Wenn er gebeichtet und seine Seele ausgesöhnet hat; so spricht er im Ruckwege von der Kirch im Wirtshause ein, und schwelgt, bis er nicht mehr kann. Es scheint, daß die Vorsicht selbst dafür sorge, einen Gebrauch, den man zur Last der Menschen erfunden hat, in ihr Vergnügen zu verkehren.

Solang noch die ordentlichen Karawanen an gewissen Festtägen auszogen, so schlug sich das Frauenzimmer sehr häufig hinzu. Es war eine Art von Lustpartie. Man unterhielt sich, man belustigte sich, man stiftete Bekanntschaft, und kehrte des Nachts zusamm im Wirtshaus ein ...

Eine Kirchfahrtbekanntschaft war eine so gesetzmäßige Sache, daß sich der Ehemann nicht darüber aufhalten konnte, ohne den Wohlstand der Kirchfahrt und die geheiligten Rechte derselben zu beleidigen.

Seitdem die Regierung diese Karawanen verboten – oder wenigstens eingeschränkt hat, so haben die Kirchfahrten viel an ihrer Annehmlichkeit verloren. Es ist jetzt mehr nicht erlaubt, als für sich selbst zu wallfahrten. Die Heiligen befinden sich etwas hiebei in Verlegenheit. Ihre Sachwalter, die Mönche und die Gastwirte, haben nicht ermangelt, nachdrückliche Vorstellungen zu machen. Allein man hat sie abgewiesen, weil in den Prozessen zwischen der Menschheit und den Heiligen die Verhandlungen peremtorisch sind.

Die Österreicher lieben zuweilen die gute Gesellschaft. Sie lassen keine feierliche Gelegenheit vorbeigehen, ohne sich zu versammeln, und Gastmahle zu geben. Bei diesen Gastmahlen ist es eine festgesetzte Regel, daß allezeit ein Lustigmacher zugegen sein muß. Hiezu wählt man gemeiniglich einen Franziskaner. Diese sind die geselligsten und witzigsten Geschöpfe in Österreich. Es wäre des Pinsels eines Petron würdig, ein Gastmahl zu beschreiben, so wie es sein solle, welches aus einem halben Dutzend Verwaltern und ihren Frauen, aus einem Dutzend Pflegern, Bräumeistern und Pachtbeständern, und einem Franziskaner, bestünde.

Nach der Regel setzt man den Franziskaner allemal zwischen die zwei furchtsamsten Frauenzimmer. Diese neckt er, zu ungemeiner Belustigung der ganzen Tafelgesellschaft, unaufhörlich mit Zweideutigkeiten und verblümten Einfällen. Manchmal treibt man noch einen zweiten lustigen Kopf auf, den man dem ersten gegenübersetzt, um seinen Witz zu balancieren; alsdenn übertrifft die Lustbarkeit sich selbst.

Literatur.

Alle Bemühungen zu Erweckung des Nationalgenies würden ohne Beihilfe der Literatur vergebens sein.

Ich bediene mich meiner Gewohnheit, den Ausdruck der Nation selbst anzuführen, wenn sie ein Urteil über sich fällt, indem ich einen ihrer vornehmsten Schriftsteller reden lasse.

»Das Verzeichnis der Schriften (Grundsätze der P. H. und F. Wissenschaft. 11ter Teil. Vorrede.) auf die wir als ein Nationaleigentum Anspruch machen können, ist mit einem Blicke überschauet. . . .

Vier Bücher also sind alles, was wir in dieser Gattung aufweisen können, indessen andere Nationen in allen Teilen durch die vortrefflichsten Schriften belehret sind.

Dieser Mangel hat vielleicht seine Ursache hauptsächlich in den Schwierigkeiten, zu denjenigen Hilfsmitteln zu gelangen, welche die Spekulationen der Schriftsteller veranlassen, leiten, und ihnen zum Grunde dienen müssen, wofern sie nicht bloß schwankende, und meistens unanwendbare Entwürfe bleiben sollen.

Die Stärke der Bevölkerung, der Zustand der Handlung, des Manufakturwesens, der öffentlichen Einkünfte, die Nerven des Nationalkredits: alles dies ist in andern Staaten umständlich, entweder aus öffentlichen Registern oder Tabellen bekannt, oder wird denjenigen, die sich darüber unterrichten wollen, sehr gern mitgeteilt. Fähige Männer sehen es denn für ihre Pflicht an, dem Staate darüber ihre Anmerkungen, ihre Erinnerungen nicht zu versagen. Auf diese Weise vereinbaret gleichsam eine ganze Nation ihre Einsicht. Die Zahl ihrer Räte ist gewissermaßen nicht kleiner, als die Zahl ihrer denkenden Patrioten.«

Man kann nicht vortrefflicher reden. Vor einigen Jahren entwarf ein junger Gelehrter zu Wien ein periodisches Blatt, wodurch er dem Publico die vaterländischen Gesetze, in ihrer natürlichen Filiation, nach und nach bekannt machen wollte. Das Blatt schien nützlich zu werden. Allein der *Edle von Trattner*, ein Buchdrucker zu Wien, setzte sich dagegen. Er führte an, daß er ein persönliches Privilegium habe, die Sottisen der Nation zu verewigen. Man schlug das Blatt ab.

Warum bemühet man sich um den Einfluß der Philosophie und der Wissenschaften in den Geist der Nation? Die Schaubühne hat seine Bildung auf sich genommen. Sie ists, die allein herrschen will, die den Ton gibt, für welche Staatsmänner und Komödianten arbeiten.

Sie drängte sich dicht an das Verbesserungssystem, als die Güte *Marie Theresiens* die Bildung der Nation beschlossen hatte; ich will nicht untersuchen, mit wieviel Verdienst. Soviel ist gewiß, daß es zu Preßburg, zu Prag, zu Olmütz, zu Brünn, zu Gräz, zu St. Pölten, zu Linz, Schaubühnen gibt. Die Pensionisten, die bemittelten Inwohner besuchen diese Theater mit Vergnügen, und die Almanachs von Gotha und Leipzig sprechen mit Nachsicht davon.

Niederbayern.

... Diese Reiche gleichen den Equipagen. Die Pferde sind das Volk: die Räder sind die öffentlichen Einkünfte. Die Kutsche ist das Land, worein sich die Minister setzen, und spazierenfahren lassen. Der Kutscher, der auf dem Bock sitzt, ist der Regent.

Abt St.-Réal.

Physik.

Wenn einst das Haus Österreich, so wie man sich zu Wien ins Ohr raunet, zum Erbe von Niederbayern gelangen wird, so wird es nicht der schlechteste Stein in der Krone desselben sein.

Bayern ist von der Natur nicht stiefmütterlich behandelt worden. Auf dem Felsenberge, in einem der Gärten der Kurfürsten, stehet die allegorische Statue Bayerns in Metall, unter dem Bilde eines Mädchens. Das Haupt mit Eichenlaub bekrönt, zum Merkmale des Gehölzes; an dem rechten Arm eine hangende Hirschhaut, den Reichtum an Wildbret; in der linken Hand eine Kornähre, den Überfluß an Getreide; zu den Füßen eine Salzscheibe und eine Biertonne, die vornehmsten Landeserzeugnisse auszudrücken. Das Piedestal stellet den Donaufluß und die Viehzucht vor.

Das Mädchen selbst deutet vermutlich die Vorzüge dieses Produkts, in Bayern, an.

Es ist wahr, die Zusammensetzung dieser Sinnbilder ist nicht von äußerst feinem Geschmack: aber man begnügt sich, daß sie von der Wahrheit selbst erfunden sind.

Bayern ist ungemein bevölkert, und schön bevölkert. Die Werboffizier zu Regensburg behaupten, daß sie sich getraueten, 6000 junge Mann in Bayern auszuheben, die im Alter, Wuchse und Schönheit alle unter einer Linie stünden. Die bayerschen Offiziere setzen hinzu, daß ihr Land wohl 15000 zum Dienst fertige Mannschaft enthielte. Die bayerschen Bauern sind die schönsten Kerle in Oberdeutschland, und die Mädchens übertreffen ihre Nachbarinnen gegen alle vier Weltseiten.

Finanzpolitik. Eine Meinung vom Mautwesen.

Man könnte den Ertrag des Kurfürstentum Bayern leicht bestimmen, wenn es erlaubt wäre, die Einkünfte großer Herren zu kontrollieren. Sie sinds nicht, worüber man sich beschwert: die Ausgaben sinds – man tadelt den Überfluß des Ziviletats allhier.

Da die Handlung in diesem Lande nichts ist, so bestehen die Quellen der Finanz größtenteils in der Steuer. Sie ist die menschlichste und natürlichste unter allen Auflagen, weil sie ein Beweis der Freiheit und des eigentümlichen Besitzes ist. Dann die Länder, die diese Vorzüge nicht haben, verdienen nicht einmal die Ehre, Steuer zu geben.

Die übrigen Einkünfte der Kammer fließen aus dem Wasserzoll, den Pachtungen und tausend neuen Finanzerfindungen unseres Jahrhunderts, deren Namen ebenso schwer zu bestimmen sind, als ihr Nutzen.

Die Bayern werfen dem Ministerio vor, daß es nichts könne, als Österreich nachäffen. – Das Muster wäre nicht schlimm – wenn irgendeine Seite desselben falsch kopiert worden, so mag es die Mauteinrichtung sein.

Man siehet nicht ein, welche Politik die Finanzkammer zu München verleiten konnte, ein Mautsystem nach dem Beispiel Österreichs zu errichten. Große Fehler sind nur für große Staaten. Die Maut ist kein Kameralzweig, weil ihre Einkünfte zufällig und ungewiß sind. Ihre Natur ist der Strafe ähnlich. Sie ist nicht da, um in sie zu verfallen, sondern um sie zu vermeiden. Nie wird sie ein bewährter Finanzoperateur unter die nützlichen und wahren Kameralquellen zählen.

Eine Nation, die so arm an Handlungsstoff für die Ausländer ist, wie Bayern; kurz, die keinen Aktivhandel hat; bei der der Luxus ein Charakter ist; die so vielerlei Bedürfnisse vom Ausland nicht entbehren kann; deren natürliche Lage einem strengen Mautgesetze durchaus widerspricht – diese errichtet eine Maut. Es ist, den Durst von seinem eigenen Blute löschen.

Jede Maut verzehrt sich selbst, indem sie die Konsumtion vermindert. Sie ist eine Feindin mittelmäßiger Staaten, indem sie den Unterhalt der arbeitenden Klasse, welches die bedürftigste, und zu gleicher Zeit die nützlichste ist, erschweret! Durchgängig betrachtet, wäre zu wünschen, daß kein Staat jemals von der Erfindung der Maut einigen Nutzen zu ziehen das Glück haben möchte. Die Erfindung der Maut ist die Epoche der Schleichhändler, der Übeltäter, der Galeeren, der Zuchthäuser und der Strickreuter.

Charakteristik.

Das Temperament der Bayern ist bei weitem nicht so menschlich, wie der Österreicher, ihrer Nachbarn. Der Bayer ist falsch, grausam, abergläubisch, und verwegen. Nirgendwo trifft man mehr Räder, Galgen und Schergen an, als in Bayern. Hier sind die Landstraßen auf beeden Seiten mit Galgen bepflanzt, so wie sie in polizierten Ländern mit Maulbeerbäumen bepflanzt sind.

Man muß gestehen, die Kriminalgerechtigkeit des Landes ist scharf, kurz und exakt. Es ist ein Unglück, daß sie es zu sein nötig hat. Diese Gesetztugend scheint eine Folge vom Laster selbst zu sein. Ohne die Schärfe der Gerichte, spricht der Postillion, der mich heute führte, würde unserm Kurfürsten die Mütze auf dem Kopfe nicht sicher sein.

Diese unglückliche Verfassung ist eine Folge der Nationalerziehung, und nicht des Clima. Die eine Hälfte des Pöbels bestehet aus Studenten, und dem, was aus dieser löblichen Pflanzschule entspringt – Pfaffen, Schreibern, Musikanten, Gauklern, Landstreichern, Jägern und Wilddieben. Die andere Hälfte ist dem Feldbau überlassen. – In der Tat, sie ist in allen Ländern die verehrenswürdigste und beste Hälfte.

Von bayrischer Art und Kunst.

Man kennt die dramatische Meisterstücke des Herrn Karl Edmund von *Spekner,* des Heiligen Römischen Reichs Ritters, Kurfürstlich-Bayrischen Regierungsrats zu Burghausen, und Landrichters zu Schrobenhausen.[2] Die deutsche Schaubühne zu München genießt, so wie ihre Schwestern, die Ehre, daß Ministere für sie arbeiten, und Barone unter ihren Akteurs sind.

Unterdessen befindet sie sich in nichts hierdurch gebessert. Sie ist gemüßigt, mit einem Buchhändler von Augsburg im Vertrage zu leben, um neue Stücke zu bekommen. Dieser Papierheld versiehet sie mit dem Ausschusse der Fabriken zu Hamburg, Wien und Berlin. Hieraus macht man zu München, so gut möglich, Probrollen, Forcerollen, Debitrollen.

Die Stärke der bayrischen Schauspieler bestehet im Gebrauche der *Attributen,* wie es die neue Dramaturgie nennt. Hierunter verstehet man das Schnupftuch, den Stock, die Colombinschürze etc. etc. Gleichwohl haben sie einen der sinnreichsten Geste, den man seit sechs Jahren auf dem deutschen Theater erfunden hat, an sich gebracht.

Ich besuchte vorgestern das Theater. Gott ließ zu, daß man *Darius* gab. Ich war bei der trotzigen Gebärde des Schauspielers, welcher den Alexander vorstellte, erschreckt. Aber der Tod des Darius brachte mich in Verzweiflung. Er starb am Atemholen. – Der Natur nach stirbt man am Außenbleiben des Atem. Der Schauspieler hatte die Kunst der Neuern aufs feinste gebracht. Diese Kunst bestehet in einer heftigen Atmung, wobei der Schauspieler mit dem Munde gegen der Luft schnappt, so wie eine Forelle, die aus dem Wasser gesetzt wird. Diese Luftpompe kann man zu allen Leidenschaften brauchen, Entzücken, Wut, Erstaunen, Liebe, Schmerz und Tod.

In Bayern haben die Gesetze sehr wenig für die Ausbildung des Verstands, und die Schulen noch weniger getan.

An der Spitze der Nationalignoranz stehen die Beamten und Geistlichen.

Die Universität zu Ingolstadt liegt in einen Winkel verworfen. Sie ist der Sitz einiger gelehrten Spinnen, welche ihr Gewebe hier trieben: das Sanktuarium der lateinischen Barbarei. Hieher floh die lateinische Sprache, als sie aus den benachbarten Teilen des gesitteten Deutschlands vertrieben ward.

Über sie erhebt sich die Akademie zu München, eine frühzeitige Geburt der Wissenschaften. In der Tat der elende Zustand der Sprache in Bayern hätte ein Meteor von dieser Art nicht vermuten lassen sollen. Die Akademie gibt ihre besten Werke lateinisch heraus; dann die Sprache des Clima ist barbarisch. Die erste Akademie, womit man in Frankreich den Anfang machte, war eine Akademie für die Sprache *(l'Académie française.)* Es scheint, daß man zuerst reden können müsse, bevor man sich ausdrücken will.

Die bayersche Akademie ist, wenn ich mich nicht irre, für die mathematischen, physikalischen und historischen Wissenschaften gestiftet. Ihr Zweck ist also so erhaben, als der Akademien zu Berlin und Petersburg. – Sie besitzt wenigstens würdige Mitglieder. Aber ein Wurm, den sie von ihrer Geburt an im Busen trägt, nagt ihr am Leben. Ihre Kasse ist ein Zankapfel, worüber sich die Mitglieder teilen. Dieser unwürdige Streit vermindert den Ruhm der Akademie, und hat ihre Früchten bis itzo erstickt.

Außer dieser Akademie besitzt Bayern noch eine Ackerbaugesellschaft. Sie ist eine Schule der Höflichkeit. Die Mitglieder bemühen sich, einander in wechselseitigen Komplimenten wegen ihrer Talente zu übertreffen. Man liest die artigsten Sachen* hievon im Druck. Erlauben Sie, daß ich Sie in Himmel erhebe: damit Sie mich zum Halbgotte erklären, spricht Scapin zu Colombine.

* Injurien von besonderer Art: eine schwäbische Lokalbrochure.

Mitten unter einer Menge gotischer Denkmäler der Baukunst und Malerei in Bayern siehet man den Pinsel eines *Assan* herfürstrahlen. Dies ist in der Kirche des heiligen Nepomuk zu München; einer Kirche, die wegen der Geschichte und dem Wunderwerk ihres Baues Aufmerksamkeit erweckt.

Vom Hofe zu München. Eine rührende Anekdote.

Wenn das Beispiel eines tugendhaften Prinzen jemals soviel Kraft besäße, auf einen verderbten Hof zu wirken, so müßte es zu München sein. Dieser Hof bestehet aus einigen Ministern von illustrem Rang. Die Namen der Grafen *Baumgarten*, *Preysing*, *Berchem*, *Törring*, in deren Händen die Staatsgeschäfte sind, werden von den Ausländern mit Ehrfurcht genennt. An sie schließt sich eine schimmernde Reihe Maîtres, Kammerherrn und Generals.

Die untere Abteilung hingegen wird von einer Menge Dienerschaft, Kanzleiverwandten, Pensionisten und Schmarutzern eingenommen, die sich, so wie an allen unglücklichen Höfen, als Insekten an das Brot des Regenten hängen, und es vergiften. Die Ausschweifungen, die Ränke, die Erpressungen dieses Hofpöbels sind unerträglich. Der Kurfürst befindet sich mitten an seinem Hofe wie in einem Lande, in welches von allen Seiten die Feinde eindringen, und das in der Plünderung begriffen ist. Dieses Unglück blicket er mit Gelassenheit an.

Die Veränderung der Krone in Bayern ist, dem heutigen Anschein nach, unvermeidlich. Man sagt, daß *Maximilian Joseph* dieser Katastrophe mit einer bewundernswürdigen Größe der Seele entgegensehe. Die Hofchronik zu München behauptet, daß, um denselben vorzubeugen, das Ministerium dem Kurfürsten vorgeschlagen hätte, sich von der Prinzessin, seiner Gemahlin, zu trennen, und eine zwote Ehe einzugehen, zu deren Fruchtbarkeit das Land vielleicht einige Hoffnung schöpfen könnte. Die Kurfürstin wäre auch bereit gewesen, der Politik dieses heldenmütige Opfer zu tun. Sie hätte ihrem Gemahl selbst Vorstellungen gemacht. Allein seine Zärtlichkeit wäre hierdurch beleidigt worden. Dieser tugendhafte Prinz hätte seine Gemahlin versichert, daß der Gedanke hieran seine Ruhe unterbreche, und er hätte den Ministern bei seiner höchsten Ungnade verboten, jemals davon wieder zu reden.

Das Ministerium.

Woher kommt der heftige Hang zur österreichischen Regierung, welchen man unter den heutigen Bayern bemerkt? Ists Sympathie? – Nichts ist so sehr verschieden, als die sittlichen Grundsätze beider Nationen. – Ists Grille? – Die Kriege von 1740 veranlassen sie nicht. – Völker! ihr habt keine gefährlichern Feinde, als wenn weise und gütige Regenten eure Nachbarn sind.

Die Bayern nennen die gegenwärtige Regierung, aus Abscheu, eine Ministerwirtschaft. – Sie ist vielleicht die vollkommenste, die das Land jemals gehabt hat, und die es seiner Eigenschaft nach zu ertragen fähig ist. – Unterdessen schreiet das Publikum über den Druck der Pachter, der Beamten, der Gerichtsdiener. In der Tat, dies siehet ein wenig asiatisch aus.

Aber sollte man die Klagen des Publici ohne Einschränkung annehmen müssen? So ist das Naturell der Menschen: bei einer guten Mahlzeit sind sie aufrührisch wie die Riesenkinder. Man schmälere ihnen die Suppe, so singen sie wie die Sirenen.

Nach der heutigen Spannung des Landesclima würde man schwerlich einen Nationalen in Bayern finden, welcher irgendeine Unternehmung einzuschlagen geneigt wäre, die vom Hofe aufgebracht ist. Außerdem, daß die Spekulationskraft nicht das herrschende Anteil eines Bayern ist, so würde ihm jenes Maß Ehrgeiz und Vaterlandsliebe fehlen, welches die vornehmste Triebfeder in Unternehmungen ist, deren Zweck aufs öffentliche Beste abzielt, und das man nur unter gebildeten Nationen antrifft.

Bei einer solchen Situation hat der Staat oder der Minister, der ihn vorstellt, kein anderes Mittel übrig, als, selbst in den Entwurf zu treten, wenn er dem hohen Gefühl des Patriotismus entsprechen will. Bayern ist ein Beweis, wie notwendig es ist, um eine ersprießliche Gestalt emporzubringen, daß zuweilen diejenigen, so das Staatsruder[3] führen, sich selbst vergessen, und das tun, was dem Hofe oder den Untertanen zukäme.

Vermutlich ist es auf diese Art geschehen, daß einige Große sich bei Fabriken, Pachtungen und andern öffentlichen Staatseinkünften interessiert haben. Der Pöbel, welcher in keinem Teile der Welt geneigt ist, von irgendeinem Minister etwas Günstiges zu vermuten, und dessen Gehirn leicht erschüttert wird, weil es nicht mehr als 6 Zoll in der Breite und $4\frac{1}{2}$ Zoll in der Höhe hat, schreiet sie für unrechtmäßige Besitzer aus.

Gleichwohl ist es die heutige Regierung, welcher das Land unermeßliche Vorteile zu verdanken hat. Die Künste und die Wissenschaften erwachen. Die Hydra der Pfafferei – ein noch weit grausameres und tyrannischeres Ungeheur als der Ministerialismus selbst – wird zu Boden getreten. Die Kirchendisziplin nimmt ihren Anfang. Es bildet sich eine Art von Militaire. Die Baukunst, das gereinigte Schauspiel und die Manufakturen werden bekannt. Die Akademie der Wissenschaften zu München entstehet. Die Verbesserung der Schulen, und die Aufklärung der Kanzleien schlagen Wurzel. Die Quellen der Staatseinkünfte werden aufgedeckt, und die Kanäle, wordurch sie fließen, gesäubert. Man siehet öffentliche Belohnungen für Nationalverdienste und für Nationaltugenden bestimmt. – In der Tat dies ist keine verächtliche Regierung.

Allein man predigt den Fischen. Ein Volk, welches einmal den Grundsatz angenommen hat, den Regenten als eine gleichgültige Person, und die Ministere als seine Feinde zu betrachten, ist zu keiner Achtung für sich selbst mehr fähig. Es wird in seinem Vaterlandseifer erkalten, und die Änderung seines Schicksals von nichts mehr erwarten, als von der Änderung der Regierung. Dieses Volk wird sein Heil in eine gänzliche Revolution, und seine Ruhe auf das Joch eines Fremden setzen.

Dies ist die Lage der Bayern. Der Hof zu München scheint keinen Zielpunkt seiner Politik mehr zu haben. Da die Regierung mit dem itztlebenden Kurfürsten sich endigt, und das Land in den Besitz fremder Kronen kommt, so betrachtet der Hof den Regenten als einen Reisenden, welcher keine andere Angelegenheit hat, als sich während seinem Aufenthalte[4] so gut möglich zu divertieren. Die Diener haben vielleicht noch einen Zielpunkt – es ist der, sich die Zeit zunütze zu machen.

München.

Wenn zu dem Vorzuge einer Stadt mehr nicht gehört, als schöne Gebäude, so verdient München schon diesen Rang. Gleichwohl hat dieser Ort noch einige andere Reize, welche ihn der Aufmerksamkeit würdig machen.

Er ist die Residenz eines der vornehmsten und liebreichsten Prinzen in Deutschland, und der Sitz einer Akademie der Musen. Man kann urteilen – die Versammlung eines zahlreichen und vermöglichen Adels hinzugesetzt – daß ihm diese Verdienste hinlänglichen Stoff mitteilen, die Lebensart und die Vergnügungen zu vermehren.

Auch herrscht der Luxus in seiner Art zu München, so wie er allerorten herrscht, wo ein Hof ist, und wo die meisten Leute mehr leben, um Einkünfte zu verzehren, als zu gewinnen. Nirgendswo aber trägt er noch stärkere Kennzeichen seines gotischen Ursprungs an sich. Mehr Überfluß und Glanz in den Meubles und der Kleidung, als Geschmack und Zartheit. Man liebt hier die Verbrämung. Ein Reisender, welcher von Wien kommt, wo die goldenen und silbernen Tressen außer der Mode sind, weil es das Beispiel eines der weisesten Regenten mit sich bringt, siehet ganz München für eine Schauspielergesellschaft an.

Der Palast des Kurfürsten ist der Residenz eines großen Fürsten würdig. Er enthält einen Schatz von Kostbarkeiten, Gemälden und Altertümern. Der große Kaisersaal; der Geschlechtsaal; der Perspektivensaal; der Antiquitätensaal; die Hofkapelle; die silberne Orgel; das Antiquarium; das Bad; die Schatzkammer; die Kunstkammer; die Bibliothek; der Garten; das Turnierhaus, sind sehenswürdige Teile desselben. Der Hofbediente, welcher mich leitete, behauptet, daß die Tapezereien der sogenannten Kleiderkammer auf zwölf Millionen Gulden geschätzt würden. Es ist möglich, ich zweifle aber, ob sie mein Freund Ephraim dafür in Kommission nähme. – Man muß der Gaskonade der Nation etwas zollen.

In der Schloßkirche zeigte man mir die Statue des heiligen Georgs mit seinem Pferd und Drachen von blankem Gold. Der Heilige ist dick mit Juwelen besetzt, und macht eine Miene, als ob er über das Projekt der heutigen Staatsklugheit gegen die Vermehrung der Kirchenschätze, spotte.

Unter den Schönheiten der Kunstkammer hat mir nichts beträchtlicher geschienen, als eine Figur von petrifiziertem Palmenholz: obgleich der Stein, welchen Herzog Christoph in Bayern, 1420, von der Erde hob und zwölf Schritte weit schleuderte, ein Felse von 340 Pfund im Gewichte, nicht zu verachten ist.

Das Schwert des tapfern Hans von Fronsberg, mit der Haut seines Feindes überzogen, scheint einen zweiten *Goethe* herauszufordern, den Pendant zum Götz von Berlichingen zu liefern.

Die vornehmsten übrigen Merkwürdigkeiten sind: die Kirchen St. Anna, wo man Altäre von Rubens und Basseto findet; zu U. L. F. wegen dem Mauseläum Ludovici Bavarici, und bei den Theatinern, welche ein Scala sancta haben: das Graf Preysingische Palais; das Landhaus; und der Palast der Akademie.

Man müßte sich länger in München aufhalten, als ich, um mehrere Merkwürdigkeiten anführen zu können. Das letzte, was mir aufs Aug fiel, war die Wachparade. Die Menge der Stabsofficiers ist so groß, daß die Bayern behaupten, wenn ein Feind vors Land käme, so könnte man ihn bloß mit Generals aus dem Felde schlagen. Gleichwohl bestehen die Truppen des Kurfürsten aus mehr nicht als 6 Infanterieregimentern und 3 Regimentern Pferde. Da die erstern nicht über 500, und die letztern bloß 200 stark sind: so beträgt der ganze Etat 3600 Mann.

Diese Truppen haben weder Ordnung noch Exerziz, noch Reglement. Man erhält weder die mindeste Übereinstimmung im Maße, noch im Alter, noch in der Figur. Ihre Waffen sind vom ältesten Kalibre. Die Garde des Kurfürsten ausgenommen, sind die bayrischen Truppen – in Vergleichung der österreichischen, preußischen und russischen Soldaten – nicht mehr als Miliz.

Appendix.

Die künftigen Besitznehmer Bayerns treffen in der Landkarte des Kurfürstentums einen Erdbezirk an, welcher ihrer Aufmerksamkeit nicht unwürdig ist. Es ist das Erzbistum *Salzburg*. Die bayrische Geschichte behauptet, daß dieses beträchtliche Land ganz zum Herzogtum Bayern gehöre, und daß es durch Schenkungen veräußert worden, deren Urkunden ebenso zweifelhaft seien, als das Testament der Gräfin Mathildis.

Eine Vermutung, die sich durch die Politik des Salzburgischen Hofs selbst zu bestätigen scheint. Man weiß, daß dieser Hof festgesetzt hat, niemals einen Prinzen aus einem regierenden Haus in Europa in sein Kapitel aufzunehmen. Die Kritik erklärt diese Maxime so: daß man hierdurch aller Gefahr vorzubeugen suche, einen Prinzen aus dem Hause Bayern zu bekommen, der einst die Lande der Klerisei wieder mit dem Erbteile seines Hauses verbinden möchte.

Dieser Undank, welcher in der Kirchengeschichte eine gewöhnliche Stelle ist, hat sich soweit erstreckt, daß die Erzbischöfe von Salzburg sich sogar in den Sitzungen der allgemeinen deutschen Staatsversammlung von der Seite Bayern getrennt, und zum österreichischen Kreise geschlagen haben.

Wenn das Haus Bayern keine gültigere Urkunden seiner Ansprüche hätte, so müßte es die Einförmigkeit des Clima, der Sitten und der Natur zwischen beiden Ländern sein. Diese Eindrücke sind unauslöschlich, wenn man nicht einwenden will, daß die Kröpfe der Salzburger um 15 Unzen größer sind, als die der Bayern.

Eine Reise über Land.

Von München nach Regensburg ist ein sehr unangenehmer Weg. Elende Straßen und schlechtbestellte Gasthöfe. Man kömmt durch das Städtgen Landshut. Dies ist eine considerable Festung, welche von einem Riesen mit einer Hellebarde verteidigt wird, der sich über dem Tor angemalt befindet.

In einem Städtchen weiterhin wohnte ich einem Pferderennen bei, welche Art Spiele in Bayern gewöhnlich ist, und nicht weit von der englischen abweicht. Die Laufbahn betrug sechs Viertelmeilen auf der gewöhnlichen Landstraße. Die Reuter hatten zwei Dörfer zu passieren, und noch eine große Strecke gepflasterten Weg bis zum Zielpunkt, welcher sich mitten im Städtchen befand. Die Pferde schlugen Feuer aus den Steinen, wie die Hengste des Peleus.

Mitten im Zielpunkte saß ein Frauenzimmer, welches der schönen Hippodamia* ähnlich war. Sie war von den vornehmsten Herrn der Stadt umgeben, welche teils als Kampfrichter, teils als Eigentümer der Pferde zugegen waren, und sie hielt den Preis in der Hand, der aus einem scharlachenen Brustfleck bestund. Die Jungen, welche auf den Mähren saßen, trieben scharf. Endlich sprengte eine hirschbraune Stute die andern vor. Sie hatte den Preis schon zum fünften Male gewonnen.

Man hat sich lang genug bemühet, den wahren Genie des lapidarischen Stils ausfindig zu machen. Die Franzosen haben diese Untersuchung einer eigenen Gesellschaft aufgetragen. Aber ich zweifle, ob weder die Akademie der Inschriften zu Paris, noch der Kardinal Cibo selbst etwas Sinnreicheres erfunden haben, als folgende Entdeckung enthält.

Die Neugierde bewog mich, einige Augenblicke auf einen Gottesacker abzutreten, an welchem die Poststraße vorbeigehet, und der die Pfarrkirche eines dazugehörigen Dorfs umzirkt. Hier fand ich unter freiem Himmel einen Leichenstein, worauf ich solche unvergeßliche Worte las:

Unter diesem *Stein*
liegt begraben
weiland Eva Maria *Steinerin,* Lorenz
Steiners,

* *Hippodamia,* Prinzessin aus Argivien, wollte nur demjenigen ihrer Freier ihre Hand geben, welcher seine Nebenbuhler im Pferderennen überträfe. Sie war bei dem Kampfspiele zugegen, und erkannte dem Pelops den Preis zu.

bürgerlichen *Steinmetzenmeisters*
eheliche Hausfrau,
gebürtig von *Steinach.*
hat den 16. Mai 1741, frühe 4 Uhr
dieses *Stein-* und Jammertal verlassen,
und ihre Seele in *Stein,* woraus sie genommen ist, verwandelt.
Gott geb ihr eine ewige Ruhe
Und verleih ihr eine fröhliche
Auferstehung.
†

Regensburg.

Regensburg ist eine finstere, melancholische, in sich selbst vertiefte Stadt. Kaum wird sie durch die Höfe der Gesandten, welche den deutschen Reichsconvent formieren, aufgehellet, daß man sich von einer Straße in die andere finden kann. Nichts stellt ein lebhafteres Bild von dem schwermütigen Reichsverfassungskörper vor, den sie verwahret, als sie.

Die Stadt ist eine Reichsstadt. Ihre Devise ist: Dannhirsche. Man muß wissen, daß jede Reichsstadt eine eigene Art lebendige Tiere unterhält, welche ihr zur Devise dienen. Hier sinds Dannhirsche. Diese Tierchen laufen in den Stadtgräben, und dienen zum Zeitvertreib des Magistrats. Sie sind so heilig, wie die Schwäne des Apollo.

Da die Reichstagsgesandten, mit ihren Angehörigen, eine Art von einer eigenen Republik ausmachen, deren Bezirk sich kein Fremder nähern darf, so ist man in der Stadt von der Stadt verlassen.

Der vornehmste unter den Gesandten ist der Kaiserl. Prinzipalkommissarius. Der itzige ist der Fürst von Thurn und Taxis. Er führt einen vortrefflichen Staat, und übertrifft alle übrigen Gesandten ebensosehr im Prachte seines Hofs, als er sie am Stande und in persönlichen Vorzügen übertrifft. Er würde vermöge der Anlage seines Charakters und der Hochachtung, welche ihm ganz Europa huldigt, der glücklichste Prinz von der Welt sein, wenn seine Ruhe nicht von häuslichen Unannehmlichkeiten unterbrochen worden wäre.

Der zweite Gesandte im Rang und im Staate ist der Freiherr von Erthal, Kaiserlicher Kommissarius.

Hierauf folgen, der Graf Neipperg, Gesandter von Böhmen, und die Gesandten der französischen und englischen Kronen.

Die übrigen Gesandten des Reichs verbreiten nicht viel Licht. Sie leben von der Charge: mit diesem Kapital ökonomisieren sie so sehr es Wohlstand, und die Würde ihrer Höfe zuläßt.

Außer den Gesandten hält noch der Graf Palm ein Haus allhier, dessen Vater einer der reichsten Partikuliere in Deutschland war. In dem Palaste desselben trifft man eine sehr vollständige und sehr gelehrte Bibliothek an, welche dem Zutritte der Fremden eröffnet ist.

Der Hof des Bischofs von Regensburg, eines vornehmen Reichsfürsten, macht sehr wenig Geräusche. Er bestehet aus einigen Geistlichen und Lakaien, die ihre Zeit mit Litaneien bei St. Emmeran hinbringen.

Die alte Geographie zählte die Brücke, worüber man von der Stadt in den Erdkreis des Kurfürsten von Bayern geht, unter die Wunderwerke Deutschlands. Sie ist stark, und völlig in lombardischem Stil. Allein die Geographie konnte sie, ungeachtet der Wunderstärke, welche sie ihr beilegt, doch nicht vor sehr beschwerlichen Ausbesserungen beschützen, die ihr der Eisstoß jedes Jahr zuziehet, und welche die Schatzkammer der Stadt Regensburg sehr genieren.

Oberschwaben.

Ich bin auch ein Maler.
Annibal Carragio.

Augsburg.

Troja fuit! ... so seufzt man, wenn man sich zu Augsburg befindet. Diese Stadt, welche ehemals einen so schmeichelhaften Rang unter den europäischen Handlungsstädten hatte, ist sich nicht mehr ähnlich. Sie gleicht einem von der Abzehrung angegriffenen Körper, welcher mit sich selbst kämpft. Auswärts von einem mächtigen Nachbar, und innerlich von Nahrungsmangel gedrängt, ist sie ihr eigener Raub.

Die Häuser sind schön. Es sind welche darunter, welche sich in Rom und Genua auszeichnen würden. Aber sie sind öde und unbevölkert.

Es ist wahr, der Pöbel gibt sich alle Mühe, die Bevölkerung zu befördern. Nirgends werden mehr Bastarde erzeugt, als hier. Aber es ist, als wenn Juno einen Fluch auf die Werke ihres Enkels gelegt hätte. Die meisten sterben in der Geburt.

Die Stadt hat ihr meistes Ansehen den *Fuggers* zu danken, welches die berühmtesten Weber in Europa waren. Davor erhält sie noch den Charakter. Beim Eintritte spürt man sogleich den Weberaufzug und den Eintrag: die Enden stechen in allen Gassen herfür.

Augsburg ist eine Reichsstadt – und dies ist keines der geringsten ihrer unglücklichen Schicksale. Es unterwirft sie dem Eigensinne ihres Nachbars. Der Kurfürst von Bayern, welcher der Stadt Luft und Wasser versagen kann, beherrscht sie unumschränkt. Er betrachtet die Stadt wie einen Wechselbrief, auf den er ziehen kann, sooft ihm beliebt.

Die unbesonnenen Schritte, wodurch sich die Stadt bei verschiedenen Fällen das Mißvergnügen des österreichischen

Hofs zugezogen, hat sie eines nachdrücklichen Schutzes von dieser Seite beraubt, und der Stolz, welcher sich in ihre Geschäfte mit andern Reichsstädten mischt, macht sie des Mitleids derselben unwürdig.

Die Künste, welche einige Zeit in Augsburg ihre Wohnung aufgeschlagen hatten, haben viel für die Stadt getan. Man findet Meisterstücke in der Malerei und Bildhauerkunst, die unauslöschlich sind. Seitdem sie sich aber weggezogen haben, so ist die gröbste Barbarei an ihren Platz getreten. Nichts ist unerträglicher, als der Anblick der übermalten Kanonen, welche man im Rathause findet. Die Kanonen sind aus Bronze gegossen: um ihnen einen neuen Geschmack zu geben, ließ der Magistrat die Läufe mit grüner Ölfarbe anstreichen.

Das Publikum teilt sich in drei Klassen, welche ebensoviel Rangordnungen sind. Die Patrizier, die Kaufleute und der Pöbel.

Die erstern, welche einen Teil des hohen Magistrats ausmachen, zählen einige vornehme Geschlechter unter sich: die *Stetten*, die *Welser*, die *Imhof*, die *Rehling*. Aber da die Patrizier mit dem Geblüte ihrer Vorfahren das Gewerbe derselben verändert haben, so kriechen die meisten derselben in einer melancholischen Armut, welche sie der Verachtung der Bürgerschaft aussetzt. Man muß sich nicht durch die Almanachs von Augsburg irre machen lassen. Man wundert sich bei jedem Wappen, Herr auf Goldberg und Silbertal; Erbherr von Diamantbruch und Perlengrube, zu lesen. Aber diese glänzenden Güter gehören ihnen längst nicht mehr. Sie haben ebendenselben Anteil daran, wie der König von Frankreich am Königreich Cypern, oder wie der türkische Kaiser an den Ländern der Sonne und des Mondes, welche diese Souverains in ihren Titeln haben.

Die Kaufmannschaft, welche nach dem Adel den zweiten Rang prätendiert, und deswegen eine besondere Zechstube, dicht an der Patrizier ihre, hat, ist eigentlich der nahrhafte

Teil des Publici. Ungeachtet es wenige unter ihnen gibt, die sich mit ihren Vorfahren, den Fuggers, den Rauners und den Welsers mehr in Vergleichung stellen können, so besitzen sie doch die Ansprüche derselben ganz. Sie halten ihre Equipagen, ihre Lusthäuser und sprechen im Hoftone.

Der Pöbel bringt sein Leben in Verwünschungen über die Obrigkeit, im allerschimpflichsten Müßiggange, und der verzweiflungsvollesten Armut hin. Da das Geld in den Händen einiger vornehmen Familien ist: so ist der Rest des Publici ein Haufen Bettler, welcher um eine Kanne Bier herumtanzt.

Dies ist das Bild von Augsburg. – Es ist noch nicht ganz.

Zu Augsburg ists, wo man den Drachen der *Parität* in seiner Lebensgröße sehen kann. Seit dem Religionsfrieden herrschen beide Religionen, die katholische und die lutherische allhier mit gleicher Stärke, nebeneinander. Diese Verfassung, welche eine von den Grundkonstitutionen der Stadt ist, nennt man Parität. Sie würde verehrenswürdig sein, wenn sie ein Produkt der Tugend, wenn sie aus dem Grundsatze der Toleranz und der Menschenliebe – aus diesem unserm Jahrhunderte so heiligen, und so schönen Grundsatze – geflossen wäre. Aber sie ist mehr nicht als ein Werkzeug der Politik; sie besitzt lediglich nichts von der Tugend ihres Namens.

Die Parität zu Augsburg erstreckt sich nicht nur auf das Ebenmaß der Religionsparteien, der Kirchengebräuche und des Gottesdiensts; sondern sie beziehet sich auf alle bürgerliche Einrichtungen, auf die Bedienstungen im Zivil- und Militäretat, auf die Ökonomie der Republik, auf die Gleichheit der Stimmen in den Beratschlagungen des Senats: kurz sie ist ein Werkzeug, welches eine oder die andere Religionspartie in jedem Falle bereithält, eine politische Unternehmung zu hindern, oder zu betreiben.

Diese Parität ist so weit von ihrem wahren Charakter, dem Duldungsgeist, entfernt, daß jede von den zwo Religionspartien alle Augenblick bereit ist, der andern den Hals zu brechen, wenn der Magistrat nicht in beständiger Wachbarkeit bliebe. In der Tat bei einer so unglücklichen Stellung des Publici kann man die Grenzen nicht genau genug hüten.

Das Gleichgewicht der Parität wird auf der einen Seite von dem Reichtum, auf der andern von der Bevölkerung erhalten. Die evangelische Partie hat an ihrer Spitze die reichsten und mächtigsten Patrizier. Die Katholiken aber, deren Adel arm und unmächtig ist, sind desto größer in der Anzahl.

Der Magistrat lebt, welches eine Ministerialtugend ist, die ihn verehrenswürdig macht, in einer patriotischen und erleuchteten Eintracht. Der Pöbel ist eine Furie, die man auf beiden Seiten an die Kette legen muß.

Es ist wahrscheinlich, daß die Parität in unendlich viel Fällen heilsamen und neuen Einrichtungen hinderlich gewesen ist. Die Vermehrung der Spitäler, und allgemeinen Zufluchtsörter des Elends: die Erweiterung der Zünfte; die Wahl der besten Subjekte zu Verwaltung des öffentlichen Wohls: die Ansiedelung einzelner Künstler: der Gebrauch der Arbeitstäge leiden darunter. Diese Krankheit ist so sichtbar, daß man behauptet, die evangelischen Religionsverwandten hätten in der Verborgenheit eine eigene Notkasse, um etwas, so auf ihre Seite gesucht wird, durch Bestechung zu unterstützen.

Die Vernunft des Publici mangelt gänzlich der Kultur. Da der Fleiß unter den Inwohnern erstorben ist, so geht die Kunst betteln. Die Bücherzensur, eine Muse, welche hier auf *einem* Auge blind ist, verjagt den Tag. Der Kaufmannsgeist, dessen Regungen Geiz und Sparsamkeit sind, läßt die Literatur darben; und die Polizei vollendet die Barbarei, indem sie geschickten Leuten den Aufenthalt versagt.

Mitten in diesem Elende hebt sich ein Stolz aus der Seele der Inwohner herfür, der sie von der lächerlichsten Seite der Welt bildet. Unter den charakteristischen Untugenden des Publici zu Augsburg ist vornehmlich die Lästersucht. – Es kann gar nicht anders sein, sagt der Abt *Coyer,* die eine Hälfte dieser Nation muß sehr vollkommen, und die andere sehr lasterhaft sein, weil sich die eine immer Mühe gibt, die andere zu verkleinern. – Nichts ist weiter getrieben, als der Spott, den beide Religionen übereinander haben.

Sooft man die Katholiken spotten will, so fällt man gemeiniglich auf die Bilder ihrer Heiligen und Heiliginnin. Schlaget das Gesangbuch eines lutherischen Bürgers zu Augsburg auf, oder besuchet einem Patrizier in seinem Kabinett. Es ist nicht ein einiger von all den kleinen schwarzrockigten Herren, die am Predigtamte der Stadt gestanden sind, dessen Bild ihr nicht *en taille douce,* von Nilson oder Haid gestochen, antreffen werdet, und unten: M. Imanuel Christoph Fadus, *Candid. Minist. Aet.* XXVI. oder – Frau Susanna Beata Fromännin, Helferin bei St. Jakob, geb. den 16. Jan. 1728. vermählt 18. Jul. 1747, hat Kinder erzeugt 19. – Die Betschwestern und Hospitäler küssen diese Küpferchen mit Ehrfurcht, und die Kinder zeichnen ihre Lektionen im Katechismus damit.

Wenn ein Maler den heiligen Georg, oder die heilige Walpurgis fünfhundert Jahre nach ihrem Tode abbildet, weil die ganze Welt ihre Namen kennet, und weil sich etwas in dem Leben dieser Personen befindet, woran die allgemeine Geschichte teilgenommen, so betrachtet man diese Bilder mit Selbstzufriedenheit. Aber wenn sich ein junger Geistlicher in einer unbekannten Stadt bei lebendigen Leib in Kupfer stechen läßt, weil er in zwei bis drei Predigten etliche *loci communes* gesagt hat, und wenn die Gemeinde diese Bilder im Wettstreite kauft, und in goldne Rahmen einfassen läßt, so weiß man nicht, ob man mehr Mitleiden mit dem Hochmute des Heiligen, oder mit der Einfalt seiner Verehrer tragen soll.

Sooft man die Evangelischen spotten will, so beziehet man sich zuerst auf die Frauen ihrer Geistlichen. Man muß gestehen, daß sich die Gemahlinnen des evangelischen Klerus in

Augsburg sehr bescheiden aufführen. Wenn sie Gunstbezeugungen von ihren Herren erhalten, so verbergen sie solche in das Innere ihrer Schlafzimmer. Aber wenn man ein junges, lustiges Mädchen auf den Straßen, in den Kirchen und in den Gesellschaften herumflattern siehet, wie sie ein Domherrnkreuz an der Brust geheftet trägt, und zu jedermann spricht – es ist vom Grafen* .... meinem Amanten; ich habe es ihm im Scherze geraubt: und wenn der Pöbel niederfällt, und dieses Kreuz an der verbuhlten Brust küsset, so wünscht man lieber den Domherrn verheiratet, und das Kreuz bei einem Juden zu sehen. Gleichwohl ist es eine Anekdote dieser Stadt.

Wenn die Jesuiten zu Augsburg einen Umgang mit ihren Schülern halten, so ist kein Lutheraner, den nicht das Lachen bis zum Ersticken drückt. *Sehet da, die heilige Komödie!* spricht man.

Die Katholiken zu Augsburg sind viel billiger, wenn die Kinder ebendieser Spötter an gewissen Festtägen des Jahrs, unter Anführung ihrer Schulmeister und Schulmeisterinnen, in Prozession in der Stadt herumziehen, mit Trommeln, Pfeifen und einem Harlekin an der Spitze, der tausend lächerliche Sprünge und Gebärden macht.

Der Ekel wird vollends aufs höchste getrieben, wenn man diese Prozession sich in einem Garten an einer Schenke endigen siehet, wo sich die Jugend lagert, und allen Arten von Ausschweifung überläßt. Nichts ist ärgerlicher, als der Anblick betrunkener Kinder.

Mich dünkt, ich befinde mich auf dem St. Moritzplatze zu Augsburg. Auf der einen Seite gehet eine Prozession Jesuiterschüler, welche mit großer Mühe hölzerne Figuren wälzen, und einen traurigen Gesang dabei anstimmen. Auf der andern Seite ziehet eine Prozession lustiger Kinder mit Trommeln, Pfeifen und Harlekinen vorbei, welche unablässig jauchzen – *Jo Bache!* Die Anführer von beiden Seiten versichern mich, daß es ein Kirchenfest bedeute. Was für einen Unterschied soll ich im Tadelhaften finden? – Wenn man seine Gegner beschämen will, so muß man zum mindesten ihre Fehler nicht nachahmen, sondern sie übertreffen.

Ich würde ermüden, alle Anmerkungen zu wiederholen, welche man über den Stolz der Augsburger machen kann. Er ist einesteils die Wirkung vom Einflusse einer eingebildeten republikanischen Hoheit, welches die schwache Seite aller Reichsstädte ist; andernteils wird er von einem eingebildeten Adel erzeugt. Von beiden Seiten macht er sie im höchsten Grade ungesellig: und der Mangel ihrer guten Lebensart allein beweist schon, wie wenig Anspruch sie auf Adel machen können.

In der Tat diese sogenannte Noblesse bestehet in einer Anzahl Kaufleute und Kramer. Hierunter sind einige, die durch ihre Einsichten und ihren Fleiß ihren Stand ehren: *Schülin, Schwarz, Obwexer, Lieber.* Der Geist der meisten übrigen erstreckt sich nicht viel über den Geist eines Teewrackers zu Amsterdam. Sie besitzen nichtsdestoweniger den Stolz der Kavaliere. Sie tragen Brillanten an den Fingern, und sprechen von der großen Welt: dann es gibt welche unter diesen gnädigen Herren, die jährlich zweimal zur Marktzeit nach Wien kommen, um unter den hölzernen Ständen in der Bognergasse und auf dem Kohlmarkte feil zu haben.

Die Vergnügungen der zwei ersten Klassen bestehen in der Gesellschaft, in einer Art Konzert, und im Schauspiel. Zur Karnevalslustbarkeit kommt eine Redoute hinzu. Von dem Werte der ersten kann man sich einen Begriff machen. Da ihnen alle Erziehung und der Gebrauch der guten Welt mangeln, so sind ihre Zirkel für einen Fremden nicht praktikabel.

Ich war in ihrem Konzert, welches der Versammlungsort der schönen Welt ist. In der Tat sah ich eine Menge Stutzer, die einander die artigsten Verbeugungen machten. Nachdem ich einige Sinfonien abgewartet hatte, die ich für das Miserere des *Allegri* hielt, begab ich mich weg.

Der Magistrat fiel im vorigen Jahre auf den Entwurf ein Schauspielhaus zu bauen, um gegen die Jesuiten, auf deren Theater bisher die Schauspiele aufgeführt wurden, in keiner Verbindlichkeit mehr zu sein. Man schickte einige Bauverständige nach München, um die Architektur des dasigen Schauspielhauses zu kopieren. Nach deren Zurückkunft fing man das Werk an, und mittelst eines Aufwandes von 15000 fl. war es binnen sechs Monaten fertig. Kaum wollte die herbeigerufene Truppe ihre erste Vorstellung anfangen, so fand man, daß das Theater unbrauchbar sei. Die Baumeister hatten sich im Maßstabe verirrt. Es war weder Verhältnis in der Bühne, noch im Parterre. Die Fehler schienen unabhelflich zu sein.

Dieses Schicksal war unvermeidlich bei einem Volke, welches zuviel Stolz besitzt, um Fremde zu Rat zu ziehen, und zuwenig Genie um etwas von selbst zu machen.

Nichtsdestoweniger spielte man fort. Der Augsburger, welcher nichts als Gelegenheit zum Müßiggange sucht, vergaß sich selbst, und setzte einige Zeit die Bierbank beiseite, um das Schauspiel zu besuchen.

Die Ursachen der Nahrungslosigkeit der Stadt sind moralisch. Die Kaufmannschaft verabsäumt den ökonomischen Handel, um der Spekulation mit barem Gelde anzuhängen. Diese Gattung Spekulation hat den Fehler, daß sie das Publikum nichts nützt. Das Geld ist nur ein Zeichen der Reichtümer. Eine Million Zeichen aber machen keine Ware. Hier liegt der Grund zur traurigen Teurung, welche in Augsburg herrscht. Man hat Zeichen, aber die Ware selbst fehlt.

Die Augsburger atmeten dem Kongresse 1760, entgegen, als einer Quelle, welche ihrem Elende abhelfen, und sie auf einige Zeit glücklich machen würde. Allein das Schicksal ordnete die Sachen anderst. Der Kongreß unterblieb: und dies schenkte Europa den Frieden.

Nichts ist abgeschmackter, als die berühmte *Augsburger Tracht.* Man sieht sie nur noch beim Bürgerstande: dann die

Vornehmen tragen sich französisch. Die Kleidung der Bürgerlichen bestehet in einem fischbeinenen Harnische, der die Brust einkerkert und den Bauch herfürpreßt. An diesem Harnische hängt ein Röckchen, welches bis an die Spitze des Knie gehet. Da die Natur den Augsburgerinnen keine Brüste und große Füße gegeben hat, so findet man nicht Ursache, eine Mode zu beneiden, wo für das Aug nichts zu gewinnen, und für die Tugend nichts zu verlieren ist.

Ich könnte meine Beschreibung schließen, wenn ich, nach so vielen berührten Unvollkommenheiten, dem Verdienste nicht eine Forderung abzutragen schuldig wäre. Die Nahrung der Stadt bestehet, wie man weiß, in nichts. Nichtsdestoweniger ist der Pöbel zahlreich. Die Zunft der Weber allein wird auf dreitausend geschätzt. Diese dreitausend Seelen wären verloren gewesen, ohne die Großmut eines sehr merkwürdigen und sehr erleuchteten Mannes. Seine Lebensgeschichte verdient in der *Biographie der berühmten Partikuliere* zu stehen. Ich übergebe sie anmit.

Johann Heinrich Herr *von Schülin* ist der Eigentümer einer der berühmtesten und größten Cottonfabriken in Deutschland. Das Schicksal schien ihn nicht zu dieser Unternehmung bestimmt zu haben: dann er erlernte in seiner Jugend das Schmiedehandwerk: aber die Natur hat ihn zu einem großen Genie ausersehen. Von dem allgemeinen Elende gerührt, welches unter der Inwohnerschaft zu Augsburg, besonders aber unter den Webern, herrschte, entschloß er sich zur Anlage einer Cottonfabrik. Seine Unternehmung gleichet jenen Wassern, welche bei ihrer Quelle klein sind, sich aber hernach in unermeßliche Flüsse verändern. Die Natur begeisterte ihn mit allen Einsichten, die zu diesem Werke gehören. Binnen wenig Jahren errichtete er das vollkommenste und merkwürdigste Meisterstück einer Fabrik in Cotton und Indienne.

Man hätte glauben sollen, daß sich das Publikum beeifert hätte, diesem großmütigen und patriotischen Manne Ehrensäulen zu errichten. Im Gegenteile beneidete man ihn. Man legte dem Aufkommen seiner Unternehmung tausend verhaßte Schwierigkeiten in Weg. Man wiegelte die Weber, die ihm die Erhaltung ihres Lebens zu danken hatten, indem er ihnen Arbeit und Brot verschaffte, wider ihn auf. Diese Elenden, welche sich erinnerten, daß ihre Vorfahren einst den Attila mit seinen Hunnen vor Augsburg wegschlugen, rottierten sich, und vertrieben ihren Wohltäter aus seinem Hause. Der Herr von Schülin sah sich so weit getrieben, daß er um das Wohl des Publici einen Prozeß mit dem Magistrate führen mußte. Sein überlegener Geist und der Beifall einer erleuchtetern Welt, erhoben ihn über alle Hindernisse. Er hat das Vergnügen, sein Werk in der vollkommensten Blüte, und sich von ebendenjenigen angebetet zu sehen, die ihn zuvor verfolgten.

In der Tat ist diese Cottonfabrik des Herrn von Schülin, der einige – oder wenigstens der vornehmste – Gegenstand der Merkwürdigkeiten in Augsburg. Sie erzeugt die schönsten Werke der Kunst, der Einbildungskraft, und des Geschmacks. Ihre Cottone sind in ganz Europa bekannt.

Der Herr von Schülin lebt mit einem Prachte, der den Verdiensten eines großen Mannes gemäß ist. Er hat Millionen gewonnen, und er gibt dem Publikum davon Rechenschaft, indem er magnifique Gebäude aufführt, prächtige Equipagen unterhält, und einigen tausend Menschen Nahrung und Leben verschafft. Sein Haus ist beinahe das einige, welches die Honneurs zu Augsburg macht.

Wenn das Glück auf die Seite des Fleißes und des Verstandes tritt, so gönnt man seinen Lieblingen ihren Genuß. Der Herr von Schülin genießt ein Vergnügen, welches sich selten bei Unternehmungen befindet, die ihre Größe bloß dem Genie ihres Urhebers zu danken haben: er hat die Hoffnung, daß sein Werk auf seine Nachkommen reichen wird. Er besitzt Söhne, welche die verdienstvollesten und wohlerzogensten Jünglinge von der Welt sind.

Umriß des Schwabenlands. Natürliche Geschichte von Oberschwaben. Nationalcharakter seiner Einwohner.

Von der Grenze Bayerns an, bis an die Spitze von Elsaß ist alles Schwaben. Man nennt den Teil, welcher zwischen dem Herzogtum Württemberg und dem Bodensee liegt, das obere Schwaben. Er bestehet aus tausend kleinen Völkern, wovon jedes seinen eigenen Herrn hat, und die in ihrer Kleidertracht, in ihren Gesetzen, in der Religion und in der Sprache ebenso verschieden sind, als in ihren Regierungsformen.

In diesem Teile von Schwaben sind die Menschen von einer häßlichen Gestalt. Ihre Sitten sind arm und einfältig, und ihr Geist ist grob, sklavisch und träge. Der Feldbau wird bloß von der Bevölkerung unterstützt, welche in ganz Schwaben ausnehmend ist. Die Künste haben in diesen Gegenden weder Feuer noch Herd.

Die Fruchtbarkeit der Sonne allda ist verschieden: und die Nachbarschaft unterschiedener, sich oft widersprechender Gesetze hindert den Einfluß derselben in die allgemeine Aufnahme des Ackerbaues und der Haushaltungskunst.

Die Oberschwaben sind, unter allen Völkern Deutschlands, jenes, welches dem ursprünglichen Charakter der Regierungsform der alten Germanier am meisten ähnlich geblieben. Das Land bestehet aus einer Menge kleiner Völkerschaften, die ihre Wohnungen in Wäldern oder an Flüssen verteilt haben, und als soviel Familien, unter ihren besondern Oberhäuptern leben. Diese Familien, wovon jede, ihrer Lage, ihrem Intresse und ihrer Einsicht nach, seine eigenen häuslichen Gesetze hat, sind bald Hierarchien, bald Republiken, bald Verbindungen, oder Alleinherrschaften ähnlich. Aus der Verschiedenheit solcher Herrschaften sind die Verfassungen entstanden, welche man unter den Namen der Reichsstädte, Prälaten, Ritterschaft, Burggrafen und Reichsfürsten versteht, und die man nirgends so zahlreich antrifft, als in Schwaben.

Es gibt kein Volk auf dem Erdboden, so von seiner Gesetzeinrichtung, und von der politischen und physikalischen Eigenschaft seines Vaterlandes weniger unterrichtet ist, als die Oberschwaben. Sie wissen sehr wenig, ob der Staat ein gemeinschaftliches Oberhaupt hat, oder ob er vom Ungefähr regiert wird. Sie würden den Namen des Landesherrn nicht kennen, wenn sie ihn nicht zuweilen an der Spitze der Steuerpatente nennen hörten. Zur Unterdrückung geboren, erhebt sich ihr Geist, welcher durch das Elend in der Unwissenheit, und durch die Unwissenheit im Elende erhalten wird, nicht von der Erde.

Die außerordentliche Bevölkerung in Schwaben ist eine Folge der Frugalität, die einen allgemeinen Sittenzug der Nation ausmacht. Es gibt keine verliebtere Geschöpfe als die Schwaben. Sie begatten sich Sommer und Winter, und eine Schwäbin bringt gemeiniglich zwei Jungen, eines vorne im Jahr und eins hinten.

Diese Kinder wachsen unter der Hand der Vorsicht auf, wie die Pilzen.[5] Wenn sie groß geworden, so werden sie von ihren Landesherren in die Dienste fremder Höfe verkauft, oder sie wandern kolonienweis aus. Nirgends ist das Übel der Auswandrung, welches von der einen Seite durch die Länderprivilegien, und von der andern durch unverzeihliche Staatsfehler unterstützt wird, häufiger und stärker. Man hat Züge von Schwaben auf dem Wege nach Hungarn, nach Pommern, nach Astrakan gesehen, welche, so wie die Bienenschwärme, oder wie die Züge der Kraniche, die Sonne verdunkelt haben. Es ist natürlich, daß die Menschen ihre Erhaltung anderwärts suchen, wo die Regierung keine Anstalten zur Nahrung macht. Die kleinen Staaten vieler schwäbischen Regenten gleichen verdorbenen Mägen, welche den Überfluß ausspeien, den sie nicht verdauen können.

Eine schwäbische Anekdote.

Die Regenten der kleinen Staaten, welche den Strich von Oberschwaben, längs dem Schwarzwalde hin, bewohnen, herrschen öfters wie die Nabas in Indien. Sie haben ihren Hofstaat, ihre Armeen, ihre Vezire, und ihre Serails.

Man erzählt von einem derselben, welcher seit mehr als fünfzig Jahren tot ist, und dessen Land sehr menschenlos war, daß er einen Turm bauete, der aus 22 Zimmern bestund. Jedes dieser Zimmer wurde von einem Mädchen bewohnt. Wenn der Sultan geneigt war, sich ein Vergnügen zu machen, so ließ er alle 22 Favoritinnin in einen Saal zusammenkommen, und teilte ihnen ein Tarockspiel aus. Die, welche der Pacat traf, erhielt den Dienst, und die zween höchsten Matadors hatten die Anwartschaft auf selbige Nacht.

Hierbei ließ es der Fürst nicht bewenden. Um die Politik eines morgenländischen Serails desto genauer zu erreichen, verheiratete er die Töchter, so er mit diesen Mädchen erzeugte, an die Baschen, die Beamten seines Lands. In kurzer Zeit wurde der Staat von seinem eigenen Blute bevölkert. Der Fürst konnte sich am Ende seiner Regierung mit Recht einen Vater seiner Untertanen nennen.

Pater Gaßner.

Die Religion – die bei starken Gemütern eine Tugend, in schwachen Seelen aber eine Krankheit ist – hat den Aberglauben nach Schwaben verbannt. Die Abenteuren des *Pater Gaßners* sind noch ganz frisch. Dieser Mann, einer der berühmtesten Taschenspieler unsers Jahrhunderts, beschloß eine Komödie der Religion. Man muß gestehen, daß wenn er nicht zur rechten Zeit auftrat, so trat er wenigstens am rechten Orte auf. Während der Tag in allen übrigen Gegenden Europens hell leuchtete, überredete er mitten in einem Winkel von Schwaben, die Menschen, daß er Wunder tun könne. Man floß aus Bayern, vom Rhein, und aus Franken im Strome herbei, sich an Krankheiten heilen, sich entzaubern, sich bekehren zu lassen.

Die Blendstücke des Pater Gaßners erhielten sich eine geraume Zeit. Endlich mischten sich andere Pfaffen seiner Religion darein. Sie behaupteten, daß er ein Betrüger wäre. Es war der Fall des Kommendanten zu *Amiens:* meine Herren, sagte er zu einer Truppe Komödianten, die ihn um die Erlaubnis gebeten hatten, ihre Schaubühne in der Stadt aufzuschlagen, – sie haben mich ersucht, hier Komödien spielen zu dürfen: ihre Mitbrüder, die Geistlichkeit setzt sich dagegen. Es ist mir leid einen Handwerksneid entstehen zu sehen.

Inzwischen bewog dieser Zufall den Künstler, die Szene zu ändern. Er ging nach Bayern. Der Wechsel des Clima war ihm nicht günstig: und die Wunder hörten auf, zu wirken.

Ausschweifung über Niederschwaben.

Was jenseits der Diametrallinie, die man von Augsburg aus bis an den Rhein ziehet, liegt, das nennt man Niederschwaben. Hiezu gehören die Staaten des Herzogs von Württemberg, die Reichsstädte Nördlingen, Halle, Heilbronn, und die Markgrafschaft Baden etc. In diesem Bezirke siehet es etwas lichter aus. Die Menschen sind besser gebildet. Das Land ist mit mehr Einsicht gebauet. Die Städte sind volkreicher und polizierter. Die Sitten sind zahmer; und die Wissenschaften haben schöne Früchte getragen.

Nichtsdestoweniger, wenn man diese Länder mit dem übrigen Teile Schwabens vergleicht, so findet man eine Einförmigkeit der Natur und der Lebensart der Inwohner, welche die Vermutung zu bestätigen scheinet, daß nicht die Regierungsform, oder die Religion, sondern der Horizont, das meiste zum Nationalcharakter beitrage, und daß dieser Einfluß weit mächtiger ist, als alle übrigen.

Eine merkwürdige Urkunde hievon gibt der Aberglaube, welcher sich in ganz Schwaben unbeweglich festgesetzt hat. Dieses Land hat vor andern den Vorzug, daß der Blocksberg, dieser berühmte Mittelpunkt der Hexen, des Aberglaubens und des Unsinns, auf seinen Gefildern stehet. Es spukt bis in die Universitäten und in die Kabinette.*

Etwas weniges Politik.

Auf einer Reise nach Lindau, diesseits den Schweizergrenzen, traf ich in einem Dorfe ein Spiel an, wo sich die Männer im Säcketragen übten. – Bedauernswürdige Menschen! Ihr fühlt also, daß ihr zu Eseln geboren seid! – Dieses Sklavenspiel ist ein Beweis von der unglückseligen Verfassung dieser Gegend, welche in einem System von Lehnsherrlichkeiten, Real- und Personal-Leibeigenschaften, Zehent und Steuren bestehet, so undurchdringlich ist.

Vor allen Gesetzen bei Einrichtung der Gesellschaft scheint das Recht leben zu können, hergegangen zu sein. Man war Mensch, ehe man Untertan ward. Die Steuer ist, ihrer Natur nach, eine freiwillige Aufopferung eines Teils unsers Eigentums, um den andern Teil zu erhalten. Leibeigene aber haben kein Eigentum. Ihnen etwas abfordern,

* Die Universität zu Tübingen hat in ihren Rechtsratschlagen *(Consil. Tubingens.)* Prozesse verurteilter Hexen verewigt, welche die Verhandlungen des *Urban Grandier* noch übertreffen.

In dem Gemeindeprotokoll des Städtchens Hechingen, befindet sich ein fürstliches Ausschreiben vom 18. Febr. 1725 eingetragen, wodurch jedem Landmanne, der einen Kobold, eine Nixe oder andere dergleichen Gespenster fangen, und lebendig oder tot einliefern würde, eine Belohnung von fünf Gulden beim *Obristjägermeisteramte* bestimmt wird.

ist, ihnen von dem Geschenke des Lebens entziehen, welches sie aus den Händen der bloßen Natur empfangen.

Der Zehent, diese freier Menschen unwürdige, von einem verächtlichen Volk erfundene, und von einem noch verächtlichern fortgepflanzte Auflage, ist ein ebenso unheiliger, als grausamer Griff. Man ist kein Eigentümer des Ackers mehr, wenn man es nicht von der Frucht ist. Die Staatskunst sollte in unserm Jahrhunderte erröten, eines ihrer wichtigsten Hoheitsrechte, die Besteurung in den Händen des Klerus zu sehen.

Man kann unmöglich an diese verhaßte Auflage denken, ohne den Einfall des berühmten Polizeiaufsehers *Argenson*, zu bewundern. Als einer von den elenden Schriftstellern zu Paris vor ihn gebracht wurde, so drohete ihm der Herr von Argenson, daß er ihn ins Zuchthaus schicken würde, wenn er fortführe, zu schreiben. – *Aber ich muß leben* – sagte der Autor – das finde ich eben nicht für unumgänglich notwendig – versetzte der Polizeiaufseher.

Württemberg.

Quo[6] me, Bache, rapis tui plenum!

HORAT.

Physik. Sitten. Statistik.

Hier geh'ts wunderlich zu.

Man behauptet, daß der Herzog Ulrich, einer der berühmtesten Regenten Württemberg, einst diese Worte über der Türe seines Kabinetts gefunden hätte. Der Herzog hätte den Urheber vermutet, und auf der Stelle den Vers vollendet:

Kanzler Hans hilft auch dazu.

Durch dieses Impromptu hat der Herzog das Schicksal aller folgenden Regierungen seiner Nachkommen bestimmt.

Wenn der Zustand Württembergs, von welchen man in unsern Zeiten soviel gedacht, soviel vernünftelt und soviel gedruckt hat, bedaurenswürdig ist, so hat man es nicht seinem Clima zuzuschreiben. Es ist ein Charakter der Staatsform.

Niemals ist ein Land von der Natur günstiger behandelt worden, als dieses. Es hat reiche Fluren, Gebirge und Flüsse, welche von dem Einflusse einer gemäßigten und gütigen Sonne gepflegt werden. Das Temperament der Einwohner ist ein fleißiger Geist, frugale Sitten, und eine bescheidene Lebensart. Aber der Charakter der Regierung ist – verwirrte Gesetze; Selbstmacht; ein beschwerliches und unruhiges Parlament; Pachter; Soldaten; Steuren, und Reskripte.

Der Hof zu Stuttgart war einst einer der schimmerndsten in Europa. Itzt ist er ganz philosophisch. Dieser Umschwung ist merkwürdig: aber er verdient Ehrfurcht, weil er ganz allein aus dem Umfange des Genie des regierenden Herzogs gefolgt ist.

Die Regierung des Herzogs *Karl*, eines der liebenswürdigsten Prinzen von Europa, macht in der Geschichte seiner Staaten eine sehr interessante Epoche.

Vor dem Regierungsantritte dieses Herren lag alles in Barbarei. Die Gesetze waren dunkel und unvollkommen, die Regierung schwach, der Hof ohne Bildung und ohne Sitten, die schönen Künste abwesend: das Land wurde von einer Anzahl anarchischer Tyrannen gepreßt: die Schulen schmachteten unter dem Zepter grammatischer Pedanten, in der verzweiflungsvollesten Unwissenheit. Württemberg war lange Zeit der Erdstrich, auf den die allgemeine Gärung des Verstandes und der Sitten, welche sich Europens bemeisterte, keinen Eindruck machte, der beim Glanze der Sonne blind blieb.

Mit der Regierung des Herzog *Karls*, steigt der Tag auf. Die Gesetze werden verbessert und in Zusammenhang gebracht. Die Regierung wird durch Anwendung geschickter Ausländer, durch die Einrichtung der Finanzen und durch Herstellung eines Corps der Armee, befestigt. Der Hof wird zu einem der prächtigsten in Europa gemacht. Die untergeordneten Tyrannen des Volks werden vertrieben: man läßt das Land die Wohltat der Selbstherrschaft schmecken. Die Künste werden herbeigerufen, beschäftigt, belohnt und ermuntert. Es wird ihnen eine Akademie eröffnet. Aus dem Schoße derselben sind die berühmtesten Künstler entsprungen, welche itzt zu Paris, zu Petersburg, zu Wien, zu Neapel, zu Mailand glänzen. Der Württembergische Hof versahe die stolzesten Höfe in Europa mit Virtuosen. Er war die Schule der Le Jeune, der Noverre, der Jommelli, der Beyer.

Dies war das System des regierenden Hofs, als der Dämon der Länderzwietracht erwachte, und in die Württembergische Landschaft fuhr. Dieses Parlament, welches seit 84 Jahren eines von den unglücklichsten Schicksalen Württembergs ausmacht, bestehet in einem Ausschusse der trotzigsten Köpfe der Nation. Sein System ist, die Unternehmungen und Absichten des Hofs in allen Stücken zu genieren, und sich soviel möglich der Novität zu widersetzen.

Zum Unglück für die Nation ist das Dasein dieser verhaßten Stelle nur allzufest gegründet. Tausend feierliche Verträge, die von den Württembergischen Regenten beschworen, und von noch mächtigeren Regenten garantiert worden, versichern es. Man sagt genug, wenn man anführt, daß die Theologie an der Spitze derselben stehet, um den Hochmut, die Unwissenheit, den Parteigeist und alle Fehler auszudrükken, welche eine parlamentarische Versammlung bilden. Ohne den großen Geist des regierenden Herzogs, und den Heldenmut seiner Vorfahrere würde die Landschaft das aus dem Hofe gemacht haben, was der schwedische vor der ruhmvollen Thronbesteigung Gustav II, war.

Stuttgart. Die Militärakademie.

Stuttgart und *Ludwigsburg* sind die zwo merkwürdigsten Städte in Württemberg. Die erstere ist, wie man weiß, die Hauptstadt des Landes und der Regierung: die zwote ist ein Garten, der mit einigen Wohnungen besetzt ist. Sie war die Residenz des Hofs während den landschaftlichen Unruhen.

In Stuttgart ists, wo man den Zustand des Landes überblicken kann. Der allgemeine Geldmangel, welcher eine Folge der unglücklichen Irrungen ist, die zwischen dem Hofe und dem Land entstunden; die Niedergeschlagenheit des Publici, und die Philosophie des Hofs sind auffallende Gesichtspunkte.

Die Stadt Stuttgart hat keinen Anteil an den Wohltaten der Künste genommen, während sie sich im Lande aufhielten. Sie bestehet aus einer Masse häßlicher Gebäude. Die Manieren und die Lebensart der Inwohner sind ungebildet. Die Stuttgarter verstehen die Regeln der Verbeugung, aber in den Regeln der Höflichkeit sind sie unwissend. Das Publikum ist ohne Polizei, und es hat niemals Nationalschauspiele hier gegeben.

Das Temperament der Inwohner ist zum Prachte und, wenn man will, selbst zur Schwelgerei geneigt. Aber da ihnen jenes fehlt, was diese Neigungen beseelt, so begünstigen sie sich mit einer Sorte spießbürgerischer Galanterie.

Eine der interessantesten Katastrophen in der Regierungsgeschichte des Herzogs *Karl* ist das Erziehungsinstitut der Militärakademie. Diejenigen, welche es gesehen haben, behaupten, daß es eines der ergänztesten und merkwürdigsten Systeme dieser Art in Europa sei. Ihrem Berichte nach ist es aus dem Modell der Realschule in Berlin, und den adelichen Erziehungsstiftern zu Wien, Neapel, Braunschweig und anderer Staaten zusammengesetzt. Das Institut teilt sich in zwo Akademien: die Militärschule, und ein Notredam, welches ein Konservatorium fürs schöne Geschlecht ist.

Praxis und Wissenschaften.

Württemberg ist das Reich der Magister und der Schreiber. Die letztern sind eine Gattung Kunstverwandten, welche in Schreibstuben in den Städten und auf dem Lande tagwerken. Diese Schreibstuben sind der Limbus der Württembergischen Beamten. Aus ihnen entstehen die Räte beim Finanzwesen, die Oberamtleute, die Unteramtleute, die Steuereinnehmer, die Städtesyndiker und die Landverwalter. Zuweilen fournieren sie auch Furiers, Dragoner, und Wilddiebe.

Die Kunst dieser Leute bestehet in einer Praxis. Es ist nicht jene verehrenswürdige Erfahrenheit, welche ihre Handlungen durch besondere Grundsätze zu beweisen weiß. Die Württembergischen Schreibere sinds nicht, die den speziellen Zustand des Landes und der Städte kennen; auf die Folgen der Vorfälle und der Gesetze achtgeben, und die Vorurteile der Gewohnheit einsehen; ob sie schon hierin arbeiten. Sie sind politische Quacksalber, welche ihre Rezepte so hingeben, wie sie solche gefunden. Sie reisen niemals außer dem Bezirke ihrer Schreibstube, noch ihres Landes. Sie verbinden nicht die mindeste fremde Kenntnis mit ihrem Berufe. Sie lesen, noch bekümmern sich, was andere gedacht und getan haben. Für sie hat sich Aristoteles umsonst in Brunnen gestürzt.

Die Literatur des Landes hat sich vor kurzem noch bloß auf die wissenschaftliche Seite bezogen. Auf der Seite der schönen Gelehrsamkeit war nichts getan. *Volz* und *Le Bret* wurden die Prometheus der Nation. Sie beriefen das Genie vom Himmel herab.

Nichts ist trauriger als der Zustand, worin sich die Literatur vor dieser Epoche befand. Außer der Universität Tübingen besaß das Land kein Lyzeum für die Musen. Es waren noch gewisse Kerker zu Maulbronn, Deckendorf etc. vorhanden, worin man sie aufhielt. Aber diese sogenannten Klöster sind nicht die Tempel des Orpheus, des Apolls, der Pindars und der Horaze: sie sind einem Bilde gleich, worin einige Druiden mitten im Winkel ihrer Höhle, jungen Leuten die schöne Welt erklären.

Die Universität selbst war kaum mehr als eine Klopffechterschule, der Theologie, der Rechtsgelehrsamkeit, der Pedanterei, des Schulgezänks und der Unwissenheit. Sie war noch bis aufs Jahr 1774 die Satire der Sachsen und der übrigen deutschen Nationen. Württemberg hat noch keinen einigen Geometer geboren; dann *Bilfinger* war mehr Schuldiener in der Geometrie, als Genie. In der Physik und der natürlichen Geschichte – diesen unserm Jahrhunderte schätzbaren Wissenschaften – hat es niemand. Vergebens haben sich im Staatsrechte die *Hoffmänner*, und *Moser* der Polygraph, herfürgetan: die Praxis der Staatsverwaltung, die Polizei- Finanz- und Handlungswissenschaften, haben dagegen niemand gehabt. Die römischen Rechte, ohne welche die Welt füglich bestehen könnte, genossen einen *Lauterbach* und *Schweder.* Die Arzneischule schüttelte den Staub der Agrippa und der Galene. Die vaterländische Geschichte war glücklich genug, einen *Sattler* zu finden. Die schönen Sprachen, die Poesie, die Altertümer, die Tonkunst und das ganze Gefolge der Grazien war außer der Grenze verwiesen. Eine gewisse Frau Weißensee, welche Reime im Stil der Gryphius und der Köhler schmiedete, vergleichet man* ohne Beding den Corillen und der Laura Bassi.

Unter der herfürstrahlenden Regierung des erlauchten *Karls* hat sich die Universität Tübingen, und mit ihr die Literatur in Württemberg, glücklich geändert. In der Tat, die Unruhen der Kriege unter den Regierungen der Prinzen, seiner Vorfahren, schienen ihnen nicht erlaubt zu haben, ihren Blick auf die wohltätigen Künste des Friedens zu werfen. Es war dem fruchtbaren Zeitpunkte *Karls* vorbehalten, den Genie der Nation zu erwecken, ohne ihre Tapferkeit zu entkräften.

Den Einfluß der Militärakademie abgezogen, tragen die Wissenschaften in Württemberg schöne Blüte. Man hat an dem Lichte teilgenommen, welches sich am deutschen Horizont aus dem Mittelpunkte Frankreichs und Englands verbreitete; und das Genie ist nur noch um wenige Grade von der Mittagslinie des Landes entfernt.

Vornehmlich wird die Haushaltungswissenschaft, und das Finanzwesen in den Dikasterien des Landes und der Regierung kultiviert.

Unter den unglücklichen Folgen, welche die Reformation eingeführt, und die man der Verfolgung der Hugenotten, den Massakren in Irland, und einem dreißigjährigen Blutvergießen an die Seite setzen muß, ist der Religionszwang keiner der geringsten. Er schadet beiden Parteien in gleichem Grad. Vernünftige Staatskenner haben bewiesen, daß Italien, Frankreich, Österreich ebensoviel Nachteil von der Aus-

* Schwäbisch Magazin, 1777.

schließung der Protestanten genießen, als Schweden, Dänemark und England in der Alleinherrschaft der protestantischen Religion empfinden. Das was bei großen Staaten ein Unglück ist, ist in kleinen gewiß ein Laster.

Die Intoleranz, die so weit getrieben wird, daß man nach der Beobachtung eines weisen Schriftstellers,* aus einem unorthodoxen Zuckerbäcker ein Landesgravamen macht, und die in Württemberg durch das System der Landschaft geschützt wird, hat vor manchem geschickten Künstler die Brücke aufgezogen, oder sie hat vielmehr dem Lande selbst vor dem Eingange der Künste die Tore geschlossen.

Diese unpolitische Maxime hat in allen Gegenden, die sie beherrscht, der Aufnahme der Handlung, der Künste und der Wissenschaften geschadet. Man hat in Württemberg sehr rühmliche Beispiele davon. Und die Aufnahme beiderlei Religionen in die Militärakademie ist einer der größten und weisesten Gesichtspunkte des Stifters.

Unterdessen muß man mit Bedauern bemerken, daß sich viele nützliche Genies, welche unter dem Württembergischen Himmel geboren sind, sobald sie ihre Bestimmung fühlen, expatriiert haben. Locke sagt, daß das Genie der Salniter der Seele sei, welcher, wenn er entzündet werde, mit Gewalt ausbreche und sich die Sphäre erweitere. Aber es gibt leider Sphären, welche an und für sich soviel niederschlagende Dünste enthalten, die den Flug eines einheimischen Genie lähmen; und in solchem Falle verläßt man sein Vaterland mit kaltem Blut.

Patriotische Phantasie.

Ich sann dem Schicksale Württembergs nach, als mich der Schlaf überfiel. Es schien mir, daß ich mich an dem Eintritte

* Leben und Meinungen Sebaldus Nothankers.

in ein Land befand, welches von einer schönen Sonne beleuchtet ward. Ein lüftiges Wesen voll Freundlichkeit näherte sich mir. Ich bin der Genius dieses Landes, sprach er, ich werde dir die Merkwürdigkeiten desselben weisen: folge mir. Er faßte mich bei der Hand. Wir kamen durch eine schöne und wohlgebaute Landstraße, die zu beiden Seiten mit Bäumen besetzt war, welche Früchte trugen, auf einer großen Ebene an. Alle öffentliche *Straßen* dieses Lands, sagte er, sind so beschaffen, wie die gegenwärtige. Der Regent hat die Anlegung wohlbeschaffener Straßen für einen Vorzug des Landes angesehen. Man hat nicht geruhet, bis man die zu dieser Unternehmung benötigte Kosten auftrieb. Da die Anschläge hierzu mit Weisheit entworfen waren, und eine genaue Ausführung versprachen, so hielt es nicht schwer, vermögliche Leute zu finden, welche dem Staate Geld vorschossen. Man bezahlte sie wieder von den Einkünften der Straße. Dann der Vorteil, den man dadurch gewann, ist sichtbar. Unsere Straßen werden von den Reisenden gesucht, welche zuweilen andere Länder umfahren, um sich der unserigen zu bedienen. Dies erwirbt einen beträchtlichen Wegzoll, und zieht die Handlung in unsere Gegenden.

Voll Bewunderung über die Weisheit einer so guten Anstalt gelangte ich auf die Ebenen. Blühende Fluren, deren Früchte viel vollkommener und schöner zu sein schienen, als gewöhnlich, bedeckten die Erde. Zwischen denselben wandten sich *Kanäle,* woran man die Hand des menschlichen Fleißes erkannte, nach *schiffbaren Flüssen.* Eine unzählbare Menge Menschen wimmelte auf diesen Fluren, und auf diesen Kanälen.

Am Ende der Ebene lag ein marmorner Palast. Mein Führer ließ mich denselben betreten. Dies ist der Palast der *Landwirtschaftaufsicht,* sagte er. Hier in diesem Saale, wo das Bildnis des Landesvaters, als allgemeinen Haushälters der Nation, aufgestellt ist, halten die zur Aufsicht über die

Aufnahme des Ackerbaues und der Feldwirtschaft bestellten Weltweisen ihre Versammlung und Beratschlagungen. In jenem Saale, dessen Decke mit der Geschichte des Saturns und der Ceres ausgemalt ist, werden die *Kunstwerkzeuge* und *Erfindungen* aufbehalten, welche der menschliche Witz bei allen Nationen zur Beförderung des Ackerbaues und der Ökonomie einführt. Dort auf der Gegenseite ist ein Saal mit chinesischen Gebräuchen ausgemalt, worin man die öffentlichen Belohnungen der ökonomischen Tugend, und die *Preise für den Feldbau* und *die Erzeugung* austeilt. Im Pavillon des Palasts wohnt die vom Regenten gestiftete *Akademie des Ackerbaues* und der *Hauswirtschaft.*

Meine Aufmerksamkeit war außerordentlich, einen so vollkommenen Zusammenfluß nützlicher Gegenstände zu sehen. Der Schutzgeist des Landes führte mich in ein Kabinett. Hier wies er mir ein Buch, welches eben nicht von großem Umfange war. Dies ist, sagte er, die Sammlung der Gesetze für den Ackerbau. Sie sind nicht weitläufig. Dann, um die Natur zu verstehen, braucht man nur einfache Begriffe: und um der Menschlichkeit wohlzuwollen, sind nicht viel Worte nötig. Lies. Ich fand folgende Betrachtungen, die meinem Gedächtnisse unvergeßlich sind.

Der Ackerbau ist die Grundstütze und das Leben des Staats.

An dem Zustande der Felder kann man die Kräfte eines Staats erkennen.

Das wesentlichste Mittel zur Aufnahme des Ackerbaues ist die Bevölkerung.

Das Klostersystem und der Militäretat widersprechen der Aufnahme des Ackerbaues gänzlich.

Es ist kein ehrwürdigerer Stand als der eines Bauren.

Erziehet eure Kinder lieber zu fleißigen Feldmännern, als zu Schreibern, Rechtsgelehrten, Geistlichen und Künstlern.

Man schaffe die Frondienste ab, weil sie den Fleiß hindern und die Menschen erniedrigen.

Alle Feiertäge, die den Genuß der Arbeit stören und den Müßiggang einführen, sind Gott nicht gefällig.

Der Nahrungsmangel ist das vornehmste Hindernis der Bevölkerung.

Die Steuer muß im genaumöglichsten Verhältnisse mit dem Ertrage stehen.

Ich erstaunte über eine Menge ähnlicher Begriffe, welche an Deutlichkeit und Kürze einander übertrafen. – Es ist genug, sprach mein Führer. Laß uns weiter gehen.

Er führte mich auf einen Hügel, welcher sich hinter dem Palaste der Landwirtschaftsaufsicht erhob. Sobald ich den Gipfel erreicht hatte, so eröffnete sich mir eine neue Aussicht in ein unübersehbares Tal. Dieses Tal war von einer Menge angenehmer Dörfer und vielen einzelnen Häusern bevölkert. Auf den zwischenliegenden Flächen weidete unzähliges Vieh, welches viel größer und stärker war als andererorten.

Die Menge dieses Viehes, sprach der Schutzgeist, welche du bewunderst, entstehen von der Vorsicht der *Landwirtschaftspolizei*, die die Raubtiere gänzlich ausgerottet hat, und von der Einrichtung einer *Vieharzneischule*, so sich in einem jener einzelnen Häuser aufhält, welche du dort siehest.

Indem wir auf das nächstgelegene Dorf gehen, so muß ich dir sagen, daß die einzelnen Häuser, die hin und wieder, größtenteils an Flüssen, zerstreuet liegen, *Fabriken* sind, welche der Regent zum Vorteile der armen Landleute angelegt hat. Diese Fabriken beschäftigen den Überfluß der Bevölkerung, und verarbeiten die rohen Erzeugnisse des Feldbaues. Du siehest, daß sie, zufolge ihres Stoffs, mit Vorsicht situiert sind, um entweder bei der Quelle des Produkts nahe zu sein, oder sich im Mittelpunkte verschiedener Ortschaften zu befinden, denen sie Nahrung und Leben geben.

Alle diese Werker stehen unter der Aufsicht der *Handlungs-* und *Manufaktur-Akademie*, die sich in der Hauptstadt aufhält.

Ich konnte die Klugheit solcher Einrichtungen nicht genugsam bewundern. Ich bemerkte, daß die Lage der Fabriken so weislich ausgedacht war, daß jede nicht nur für sich selbst ihre Subsistenz hatte, sondern, daß sie auch vermittelst der Kanäle, welche das Tal durchkreuzen, eine immerwährende Korrespondenz miteinander unterhielten. Z. B. in der Nähe einer Tongrube fand sich eine Ziegelhütte, oder eine Porzellanfabrik. Unweit einer Erzgrube war ein Eisenhammer: er schickte seinen Stoff einer benachbarten Gewehrfabrik, und diese ließ einen Teil desselben einer entlegeneren Nadelfabrik zukommen. Auf diese Art hingen alle Fabriken zusammen. Sie schienen eine Maschine auszumachen, wovon jede Fabrik eine von den Springfedern war.

Gestehen Sie mir, redete ich den Schutzgeist an, daß diese bewundernswürdige Situationen nicht natürlich sind. Die Dinge in einen solchen Zusammenhang zu bringen, muß sich die Natur ein Land besonders ausersehen haben, um Wunder zu tun.

Nichtsweniger, erwiderte mir der Geist. Die Natur ist sich überall gleich. Vor zwanzig Jahren war all dieses noch nicht. Es ist ein Werk des menschlichen Fleißes, von dem Einflusse einer erleuchteten Regierung unterstützt. Der gesunde Willen des Landsherrn macht alles möglich. Indem wir der Natur auf der Spure waren, und ihr die Wege bahnten, so eröffnete sie ihre Schätze von selbst. Eine Anstalt erleichterte die andere. So entstund der Zusammenhang eines Ganzen ohne Mühe.

Während dieser Unterredung erreichten wir das Dorf. Eine neue Szene meiner Aufmerksamkeit. An dem Gasthofe, wobei ich vorüberging, sah ich eine Tafel angeschlagen, auf welcher mit großen Kennzügen die Taxe der Gastherberge von Obrigkeits wegen verzeichnet war. Dies geschiehet, belehrte mich der Schutzgeist, um der Fuhrleute und Reisenden willen, welche die *Handlungsstraße,* so durch dieses Ort gehet, beziehen.

Ich eilte zuerst nach der *Schule.* Hier sah ich die Kinder währendem Unterrichte, den ihnen der Lehrmeister in den Lehren der Religion, der Wohlanständigkeit, der Sitten, der bürgerlichen Erkenntnisse, und der vaterländischen Gesetze gab, Händearbeit verrichten, stricken, nähen, klöppeln. Der Schutzgeist machte mich bemerken, daß nur ein kleiner Ausschuß Knaben zum Schreiben angeführt wurde. Diese Kunst, fügte er hinzu, ist nur wenigen auf dem Lande nötig: ihr Unterricht aber macht viel an der, bei der Erziehung der Jugend so edlen, Zeit verlieren.

Von der Schule führte mich mein Begleiter in das öffentliche Versorgungshaus. Jedes Dorf, sprach er, hat ein dergleichen Haus. Dieses Haus dient dazu, dem unglücklichen Menschengeschlechte, welches Alters, oder Leibesgebrechen, oder zufälliger Krankheit halber zur Feldarbeit untüchtig ist, Zuflucht und Nahrung zu verschaffen. Die Gemeinde versiehet das Haus, auf ihre Spekulation, mit Arbeit aus den Fabriken. Hiebei gewinnt dieselbe einen kleinen Beitrag zu Tragung der öffentlichen Lasten, und versorgt ihre Armen.

Ich konnte mich nicht enthalten, zu bemerken, daß ich seit meiner Umwandrung im Lande noch keinen *Bettler* gesehen hatte.

Dieses Ungeziefer, sagte der Schutzgeist, wächst in der Pflanzschule des Müßiggangs und des Lasters auf, und ist der gewisseste Verräter eines übelbeschaffenen Staats.

Ich war in bewundernden Betrachtungen über die Reinigkeit der Gassen und die Bequemlichkeit der Häuser vertieft, als mich ein Haufe Reuter unterbrach, welche im Dorfe ankamen. Man sagte uns, daß es die *Landpolizeikommission* wäre, die auf ihrer gewöhnlichen Ronde begriffen sei. Diese Kommission, die sich in einem ewigen Kreislaufe drehet, bestund aus einem Gesetzverwalter, einem Arzte, einem Sittenaufseher, einem Schreiber und einem Gerichtsdiener.

Auf die Vorbitte des Schutzgeists gestattete man mir, dem Amte beizuwohnen, welches die Landpolizeikommission hielt. Eine Obrigkeitsperson wurde ihres Dienstes entsetzt, weil einem Burger hart begegnet war. Der Steuereinnehmer wurde gestraft, weil er die Beitreibung der Steuer bei einem Burger ein Jahr lang hatte anstehen lassen, welches veranlaßte, daß die Schuldigkeit im zweiten Jahre so groß war, daß sie der Schuldner nicht, ohne sich wehe zu tun, abführen konnte. Eine Handlung der Unmenschlichkeit bei einem reichen Manne, gegen einer seiner Dienstboten, wurde mit vierzehntägiger Arbeit im öffentlichen Versorgungshause belegt. Wegen dem Ungehorsam eines Kindes gegen seine Eltern empfing der Schulmeister einen scharfen Verweis. Ein Trunkenbold wurde zum 24stündigen Kerker verdammt.

Während der Arzt von Haus zu Haus ging, sich nach den herrschenden Krankheiten zu erkundigen, und den Leuten entweder Verordnungen aufzuschreiben, oder sie vom Gebrauche der einfachen Arzneimittel zu unterrichten, visitierte der Gerichtsdiener die Gasthöfe, die Kramläden und den Kerker; der Schreiber aber den Zustand der öffentlichen Gebäude, Brunnen, Brücken, usw.

Von dem Gefühle der Bewundrung durchdrungen bat ich meinen Begleiter, mich tiefer ins Land zu führen. Jedes Dorf, das ich berührte, enthielt einen eigenen Vorwurf des allgemeinen Besten. Hier traf ich ein *Kornmagazin,* auf Rechnung des Staats, an. Dort entdeckte ich eine *Landhebammenschule.* Jetzt wies mir der Schutzgeist ein *Waisenhaus.* Im nächsten Dorf war der Sitz der *Bezirksfeuerversicherungskasse.* So viel merkwürdige Marktflecken, so viel Züge der Staatsweisheit.

Wir hatten nur noch ein kleines Gehölze zwischen uns und der Hauptstadt. Vermutlich redete ich den Schutzgeist an, wird es in Ihrem Lande einen Überfluß an Wildbret,

Hirschen von dem edelsten Schlage, und Fasanen geben, die im Geschmacke vortrefflich sind? – Es ist alles niedergeschossen, erwiderte mir der Geist. Die Wildbahn ist bei uns gänzlich abgeschafft, und das Gewild wird wie Raubtiere behandelt, welche dem Untertanen an seinem Brote schädlich sind. Unser Regent betrachtet die Jagdlust als einen grausamen und der Gesundheit nachteiligen Zeitvertreib, der der Beschäftigung eines Prinzen unwürdig ist. Wenn wir Leckerbissen auf unsere Tafeln haben wollen, so bekommen wir dessen von unsern Nachbarn, die damit zum Überflusse beschwert sind, gegen unser Mastvieh, unsere Fische und Manufakturen, in Menge.

Nunmehr war ich mit meinem Führer in der Stadt angelangt. Ein unermeßliches Gebäude, woran die Kunst all ihren Geschmack verschwendet zu haben schien, fiel mir sogleich ins Gesicht. Dies, sagte der Geist, ist der Palast des Staats. Ich werde dich von einem zum andern seiner Departements führen. Betrachte, und denke!

Über der Türe des ersten Saals, in welchen wir traten, stunden die Worte: *Polizeikanzlei.* Eine Menge Beamten waren beschäftigt ihre Pflicht zu üben. Hier arbeitete ein Kreis über der *neuen Ausgabe des Landrechts.* Diese neue Ausgabe sollte zum Vorläufer dienen von einem neuen *Gesetzbuch,* wordurch der Monarch seine Regierung zu verewigen beschlossen hatte. Das alte Landrecht war in den meisten Teilen unbrauchbar worden. Die Revolution der Einsichten, der Sitten, der Erziehung, des Clima, der benachbarten Regierungsverfassung foderte eine Abänderung der Gesetze. Dann der Regent hielt dafür, daß kein Gesetz möglichst gut seie, wenn es nicht seinem Jahrhunderte angemessen ist. Allein da die Wahl der Gelehrten, welche zu diesem wichtigen Unternehmen erfodert wurden, nicht leicht war, so verzögerte sich die Ausführung der Sache. Der Regent glaubte, daß, außer einigen vorzüglichen Rechtskundigen, noch eine Anzahl Philosophen und Naturkenner nötig wären, weil bei der Gesetzverfassung sehr viel auf den gesunden Verstand ankommt.

An einem andern Tische befand sich eine Gesellschaft, welcher aufgetragen war, die *Kriminalordnung* zu verbessern, und die *Folter abzuschaffen.*

Am dritten Tische übeten sich geschickte Männer über einen Vorschlag zur *Verkürzung der Zivilprozesse.*

Der vierte war der Mittelpunkt einer Kommission zu *Verbesserung der Gymnasien* und *Landschulen. Einrichtung eines neuen Erziehungssystem,* nach dem Muster der benachbarten Staaten, *Gründung einer Normalschule,* oder Modellschule für Lehrer.

Im übrigen Raume des Saals wurden Ausfertigungen an das Publikum der Hauptstadt, in Betreff der öffentlichen Sicherheit, der Verschönerung, der Aufnahme der Stadt, geschrieben.

Aus dem Saale der Polizei führte mich der Schutzgeist in einen andern, welcher zufolge der Überschrift, die *Finanzkanzlei* war.

Zuvörderst fiel mir ein Mann ins Gesicht, welcher ein Papier vor sich hatte, das sich die *Staatskarte* des Landes benennte. Diese Karte, welche mit dem genauesten Fleiße von den geschicktesten Gelehrten aufgenommen, und welche ein Kabinettsgeheimnis des Staats ist, enthält außer den gewöhnlichen geographischen Verhältnissen des Landes eine zuverlässige Nachricht von den natürlichen Vorzügen desselben.

Sie ist der Richtpunkt bei den Entwürfen der Kammer, des Kommerzkollegiums, und der Kabinettskanzlei. Die Beilagen, welche ihr angehören, sind die *Populationstabellen,* welche aus dem Verzeichnisse der Geburts- und Totenlisten errichtet werden; die *Konskriptionslisten,* worin man die Anzahl der Menschen und des Viehes findet; die *Manufakturtabellen;* und die *Ökonomietabellen.*

Und was für eine Karte haben Sie hier in Händen? so

fragte ich einen, den ich an einem zweiten Tische in Betrachtungen vertieft sah. – Es ist die *Staatsbilanz,* versetzte er, oder die jährliche Tabelle der allgemeinen Staatsausgaben und Staatseinnahmen und des Kassarests. Sie ist bei den Operationen des Kabinetts und der Kriegskanzlei ohnentbehrlich.

Indem erblickte ich einen Zirkel von mehr als sechs Männern. Ihr Fleiß zog meine Aufmerksamkeit an sich. Wir arbeiten, sagten sie, an dem Entwurfe zu einem neuen *Rechnungsfuße:* ein Gegenstand, der dem Lande höchstnotwendig ist. Die bisherige Rechnungsmethode ist so verwirrt, so dunkel und so abgeschmackt, daß man eine eigene Vernunft braucht, sie einzusehen, um die seinige nicht zu verwirren. Das Leben eines Mannes ist kaum hinreichend, sie zu erlernen, um alle Probleme zu entwickeln, welche die Zunftmeister in dieser Kunst aufzugeben wissen. Wir sind der Meinung, daß eine Anwendung der gedoppelten Buchhaltung auf die Ökonomie das beste Muster sei, welches wir zu einem neuen Rechnungsfuße erwählen können; und wir haben gehört, daß diese Art Rechenfuß in andern erleuchteten Staaten mit glücklichem Erfolge eingeführt ist.

Ich verließ diese Männer, deren Beschäftigung mir sehr nützlich zu sein schien, bloß, um mich zu einem Kreise von anderen zu wenden, die nicht minder Emsigkeit verrieten. Sie beschäftigten sich mit der Verbesserung der *Zünfte* und der *Handwerker.* Wir trachten, sprachen sie, den Unsinn abzuschaffen, welcher sich in der Einrichtung der Zünfte befindet, und welcher dem Fortkommen der Handlung widerspricht. Indem wir ihre Zunftartikel umgießen, die Lehrjahre abkürzen, die Meisterstücke aufheben, die Gesellenjahre einschränken, und tausend andere Mißbräuche abändern, welche dem Kunstfleiße und der Beförderung der Nahrungswege entgegen sind, so gedenken wir die gesunde Vernunft in ihren Verfassungen wiederherzustellen, und sie dem Staate nützlich zu machen.

Der dritte Saal war die *Kriegskanzlei.* Hier wies mir jemand den Etat der Armee, woraus ich genau sah, daß er mit den Kräften des Landes im Verhältnisse stund. Die Truppen schienen nicht vorhanden zu sein, um auf Befehl zu warten, bis sie zum Dienste eines fremden Herren, dessen Interesse das Vaterland lediglich nichts angehet, zum Morden oder zur Schlachtbank angeführt werden, weil sie dieser Ausländer bezahlt hat, immittelst aber ihr Leben im Müßiggange zuzubringen.

Es waren ihrer nicht mehr, als man zu Bewahrung der öffentlichen Sicherheit des Staats, zu Beschützung der Gesetze und der landesherrlichen Obermacht, und, auf den Notfall, zur Verteidigung der Grenzen, zu bedürfen schien. Und da sie von dem allgemeinen Schatz bezahlt wurden, so gehörten sie dem Vaterlande.

Sie waren immer so verlegt, daß durch ihre Position zu gleicher Zeit das Land beschützt, und überall die Konsumtion der Lebensmittel und der Umlauf des Geldes ausgebreitet wurde. Die eine Hälfte der Armee war beständig in Urlaub, wo sie das Land bauen half, sich in der Liebe zur Arbeit, und in der Bewegung und Ausbildung des Körpers erhielt. Die andere Hälfte war beständig in Waffen.

Unter den Verordnungen, welche der Kriegsrat heute ausfertigen ließ, waren folgende merkwürdig.

Der Staat wird fürohinmehr keine andere als seine eigene Untertanen zum Kriegsdienste zulassen. Die Ehre des Vaterland zu verteidigen, ist zu wichtig, um sie Mietlingen zu überlassen.

Die Leibwache des Regenten wird fürohin bloß aus Landeskindern bestehen. Es ist beleidigend, daß der Regent seine Person jemand anders, als seinen Untertanen anvertraue.

Die Aushebung der Rekruten zum Dienste des Vaterlandes wird künftig nach Anleitung der jährlichen Konskription, und nicht anders als mit Beiziehung der Zivilvorstehere, geschehen.

Die Werbungen sowohl für den Dienst des Hauses, als fremder Potentaten, sind ein für allemal gänzlich abgeschafft.

Zum Besten des Ackerbaues, worauf das wichtigste Wohl des Staats beruhet, sollen die Kapitulationen bei der Armee auf sechs Jahre eingeschränkt, und genau erfüllt werden.

Das Geld, welches der gemeine Mann währendem Urlaub für sich verdient, bleibt seiner Disposition nicht überlassen. Die Gemeinde, welche es für ihn einkassiert, wird der Compagnie davon Rechenschaft geben. Er ist gehalten, währendem Urlaub auf den Fuß der Kaserne zu leben. Den Überschuß, den die Compagnie in Verwahrung nimmt, wird ihm zu einem Sparhafen dienen, sich entweder loszukaufen, im Falle er die Kapitulationszeit nicht abwarten will, oder ein Kapital beilegen, womit er sich bei seiner Austretung ein Etablissement verschaffen kann.

Die Chefs und Officiers der Regimenter werden erinnert, den Soldaten weniger zu einer unnötigen Übung in Handgriffen und im Putze anzuhalten, als zum Gehorsam, zur Sparsamkeit und zum Fleiße im bürgerlichen Leben, welches seine künftige Bestimmung ist.

Es war nur noch ein einziger Saal für meine Betrachtung übrig. Über der Tür stund: *Kanzlei der Gelehrsamkeit.* Diese Etiquette befremdete mich anfänglich. Aber ich war schon gewohnt, außerordentliche Dinge in diesem Lande zu sehen.

An den Saal grenzten verschiedene Kabinette, welche soviel Departements der Gelehrtenkanzlei ausmachten. Sie folgten einander im Range.

Das erste war

Die praktische Philosophie.

Hierunter gehörte: Der Feldbau und die Ökonomiekunst. Die Handwerkskünste. Die Prachtkünste. Der Handel. Die ausübende Heilungswissenschaft. Die Wundarzneikunst. Die Hebekunst. Die Scheidekunst.

Das zweite Departement war

Die Moral.

Die ihr untergeordneten Wissenschaften bestunden in der Rechtsgelehrsamkeit. Die Religionslehre. Die bürgerliche Politik.

Im dritten Departement wohnten

Die Staatswissenschaften.

Hiezu gehört: Die Polizei. Die Finanz. Die Handlungswissenschaft. Die Staatsklugheit. Das Staatsrecht. Die Staatsgeschichte. Das Völkerrecht.

Das vierte Departement enthält

Die theoretische Weltweisheit.

Und teilt sich in die Größenlehre. Die Naturlehre. Die Krankheitslehre. Das Natur- und Sittenrecht. Die Kriegswissenschaft. Die Philosophie der Religion.

Das fünfte Departement war

Der Geschichte

gewidmet.

Das sechste Departement gehört den

Schönen Künsten.

Die Tonkunst. Die Malerei. Die Bildhauerkunst. Die Altertümer. Die Dichtkunst. Das Schauspiel.

Im letzten Departement behandelt man

Die Schulkünste.

Die Sprachen. Die Vernunftlehre. Die Schönheitslehre. Die Geschichte der Literatur. Die Kritik.

Der Endzweck der Beschäftigungen dieser Kanzlei war, die Wissenschaften von dem Vorurteile abzusondern, sie der

Regierung nutzbar zu machen, die verschiedenen Kanzleien der Staatsverwaltung über die Gegenstände ihres Amtes aufzuklären, die Praxis[7] der Wissenschaften zu gründen, und den Verstand und das Herz der Nation zu erleuchten. Bei welchem Volk Wissenschaft herrscht, bei dem ist auch Rat und Mut.

Als wir den Palast des Staats verließen, so besahen wir noch viel andere vortreffliche Gebäude, welche Einrichtungen zum öffentlichen Besten des Staats enthielten: die *Akademie der Wissenschaften; die Handlungs- und Manufakturakademie; die Realschule,* worin die Muster von allen Erzeugnissen der vier Naturreiche, von allen Produkten der Kunst und der Erfindung gezeigt werden, und welche eine Erziehungsschule für die Handwerksbursche unterhält; die öffentliche *Bank;* das *Pfandhaus* zum Behuf der Bedürftigen, und auf Rechnung der Armenkasse gegründet. Das *Intelligenzcomptoir;* das *große Versorgungshaus;* das *Magazin* zum Vorteil arbeitloser Künstler und Handwerker; die *Kriegsschule;* das *allgemeine Hospital;* das *Nationalschauspielhaus.*

Indem mich mein Führer von der Einrichtung und den Gegenständen dieser Anstalten belehrte, so schlug eine große Glocke an, deren Ton sich über die ganze Gegend der Hauptstadt verbreitete, und welche das Herz auf eine besondere Art zu rühren schien. Man läutet, sagte der Schutzgeist, zur Audienz des Regenten. Laßt uns eilen, den Thron zu sehen, und Zeugen von der Austeilung seiner Weisheit und seiner Wohltaten zu sein.

Er führte mich in den Mittelpunkt der Hauptstadt, wo ich einen Palast sah, der aus den Händen der Grazien gekommen zu sein schien. Der Zufluß des Volks war eben nicht groß. Da der Regent sich mit dem Wohl seiner Untertanen ununterbrochen beschäftigt, und da er keinen Tag vorbeigehen läßt, ohne einen Glücklichen zu machen: so ist die Anzahl der Bittenden sehr gering.

Sobald sich der Fürst gezeigt hatte, so warf sich das Volk in den Staub. In diesem Augenblick verschwand mein Begleiter an meiner Seite. Ich sah seine Gesichtszüge in der Bildung des Regenten. Der Schutzengel des Landes war der Fürst selbst.

Das Schrecken, welches mir diese Verwandlung verursachte, und der Schmerz, den ich über den Verlust meines Gefährten empfand, erweckte mich. – Wo ist die Stadt? wo ist mein gütiger Schutzgeist? wo ist der weise Regent? rief ich voll Betrübnis.

Mein Freund, Herr *Freymut* ein Eingeborner Württembergs, dessen Bekanntschaft ich zu Lyon stiftete, überraschte mich mit seinem Besuche. Ich erzählte ihm meinen Traum. – Hier, sagte er, sind alle diese Gegenstände, die Sie verloren haben, die wohlgebauten Landstraßen, die Fabriken, das neue Gesetzbuch, die Gelehrtenkanzlei usw. Er wies mir einen Aufsatz, dessen Überschrift enthielt:

Verlorne Projekten
für
mein Vaterland.

Baden.

Was ich gewünscht hab' ich gesehen.
Gellert.

Vom Provinzialgeiste der Bader.

Wie lang wird man den Deutschen vorwerfen, daß sie keinen Nationalcharakter besäßen? Es ist wahr, wenn Tacitus wiederkäme, so würde er seine Geschichte ins Feuer werfen. Aber kann man ihnen den Provinzialgeist absprechen: jenen Sittenzug, woran sich ein Land von seinen Nachbarn unterscheidet? diese einzelne Proprietäten, wordurch ein Volk das andere im Fleiße, in der Mäßigkeit, in der Achtung für sich selbst, in der Liebe gegen seine Gesetze übertrifft?

Dies ist der Provinzialgeist der *Bader.* Man kann unmöglich den Fuß in dieses Land setzen, so fällt einem die Betrachtung Mark Aurels auf die Brust: *Glücklich ist das Land, wo die Weltweisen Könige sind, oder die Könige die Weltweisheit treiben.*

Der Karlsruher Hof.

Man weiß, daß während sich Seine regierende Durchlaucht mit den Vorwürfen der Antonine und der Usongs in ihrem Kabinette beschäftigt, so widmet die Prinzessin, seine Gemahlin, die Zeit, welche ihr von der Erziehung ihrer Kinder, oder von der Polizeiverwaltung ihres Hofs übrigbleibt, dem Briefwechsel mit auswärtigen Gelehrten, der Lektur, oder der Gesellschaft der Schöngeister, die sich an ihrem Hofe befinden.

Diese Prinzessin, die im Reiche der Unsterblichkeit einst an der Seite der Semiramiden und einer Sophie Charlotte von Hannover blühen wird, hat ihren Hof zu einem Tempel gemacht, in welchem der Vestalinnin heiliges Feuer unterhalten wird.

. . . um ihren Thron . . .
Stehn[8] Grazien und Musen. Ihren Tänzen
Sieht sie oft zu. Sie werfen sie,
Nicht ohne Neid, mit ihren Lorbeerkränzen.

Diese Situation allein wäre hinlänglich ein Land weise, glücklich und beneidet zu machen. Allein Seine regierende Durchlaucht hat noch mehr getan. Ebendiejenigen Kosten, welche sich andere Prinzen machen, Kunststücke in Europa aufzukaufen, hat der Markgraf aufgewendet, eine Sammlung Männer von Talent anzulegen.

Indem man solchergestalt dem Verdienste zu Karlsruhe die Türe geöffnet hat, so haben sich fähige und geschickte Ausländer von allen Seiten eingefunden, und der Markgraf hat das Genie an seine Regierung geheftet.

Die Folgen hievon sind herrschendes Licht in der Staatsverwaltung, Resonanz zwischen den Departements, ein tätiger, erleuchteter und wirkender Wetteifer unter den Dienern, Rat und Tat im Kabinette.

In der Tat der Karlsruher Hof ist einer der ehrgeizigsten Höfe. Er besitzt die Ambition, keine Schulden zu haben. Dies wäre hinlänglich, ihn von den Sitten Deutschlands zu unterscheiden. Allein er fügt noch die Kapriz hinzu, keine Prachtfeste, keine Opern, keine Kastraten, keine Tänzerinnen zu dulden. – Dies ist zuviel!

Karlsruhe.

Die Stadt Karlsruhe ist, wie man weiß, in einem regelmäßigen Geschmack erbaut. Ihre Straßen sind schnurgerecht, und die Häuser laufen unter einerlei Geschoß. Die öffentlichen Plätze und die Lusthäuser verraten den Wohlstand der Einwohner.

Karlsruhe ist einer der angenehmsten und reizendsten Ruhepunkte des Lebens. Die Nachbarschaft Straßburgs hat eine gewisse Verflößung in die Manieren und in die Lebensart der Inwohner gebracht, welche sie von dem griesgrämischen und spießbürgerischen Charakter der übrigen Schwaben entfernt. Der Umgang der Karlsruher ist ungezwungen, verbindlich und aufgeklärt. Es ist – beinahe – atheniensische Urbanität. Die Stutzer sind hier erträglich. Der vortreffliche Äther, welcher die Stadt umfleußt, hat den Geist und die Herzen der Einwohner mitgereiniget.

Der Palast des Markgrafen ist ein würdiger Vorwurf der Bewunderung. Er enthält die vornehmste und unschätzbarste Galerie in der Welt. Es ist eine lebendige Reihe geschickter, treuer und patriotischer Ministere.

Außer demselben verdienen die Paläste der Markgrafen Louis und Christoph, der Park und andere öffentliche Prachtplätze Betrachtung. – Und kein Theater!

Gelegenheitsdiatribe.

Also sollte die Entfernung der Schaubühne der Bildung des Publikums – einem der vornehmsten Endzwecke der Polizei – zuträglich sein? Solang die Schaubühne sich begnügte, in Bescheidenheit bei dem ersten Endzwecke ihrer Einrichtung, dem Ergötzen des Publici zu beharren, so war sie berechtigt, auf den Schutz der Polizei Anspruch zu machen. *Panem et circenses* ist der Wahlspruch aller Nationen. Allein seitdem sie die Etiquette verändert hat; seitdem sie, mit einem unausstehlichen Hochmut, den Teil einer Schule der Tugend und des Verstandes annimmt; seitdem sie Königen den Ton geben will, wie sie sprechen, und den Ninons, wie sie lieben sollen: so hat sie sich der Verachtung würdig gemacht, womit ihr die Weltweisen begegnen.

Ich will nicht abgeschmackt werden, um die Gründe zu wiederholen, welche man in diesem wichtigen Prozesse angeführt hat. Die Feinde des Theaters mögen ewig gegen dasselbe schreiben: die Anhängere davon antworten durch eine Flut von neuen Stücken, womit sie die Bühne überschwemmen.

Worüber streitet man so heftig? Ganz gewiß gereicht das Theater zur Erholung des Fleißes und zur Beschäftigung des Vergnügens: und es wäre nicht schlechterdings unmöglich, daß es etwas zu den Sitten beitrüge. Die Schaubühne ist ihrem Ursprunge nach ein Spiegel des Lebens: aber die heutigen Komödianten haben das Glas verdorben.

Die, so von der Religion der Schaubühne sind, geben vor, sie sei eine Art von moralischer Predigt. Erlauben Sie, meine Herren, in keiner Religion kann man eine gute Predigt über einen schlechten Text halten.

Einer der gefährlichsten Nachteile, den uns die Schaubühne, nach meiner Empfindung, zugeführt hat, ist, daß sie so viele Leute verführt, Komödien zu schreiben. Ein Mensch, der an der Landstraße arbeiten oder öde Plätze umreißen könnte, schreibt *dramatische Werke,* und entzieht dem Staate zween gesunde Ärme. In der Tat der Kanal, wodurch die Sittenlehre, womit uns das Theater gütigst bedient, ihren Weg nimmt, ist einer der beredtesten Gründe wider seinen angemaßten Nutzen. Zum mindesten siehet man an dem Beispiele von Karlsruhe, daß ein Publikum vollkommen weise, glücklich und wohlgebildet sein kann, ohne den Beitrag des Theaters.

Eine literarische Anekdote.[9]

Die Lieblingsliteratur der Markgräfin ist das Studium der Kunst. Man hat eine Anekdote von ihrem schönen Geist, welche, wenn man sie für wahrhaft anführen darf, der deutschen Nationalliteratur zum Stolze gereicht.

Vor einigen Jahren, so erzählt man sie, besuchte ein junger französischer Duc, auf seiner Reise durch Deutschland, den Karlsruher Hof. Man weiß, daß dieser Herr, dessen Leidenschaft die Studien sind, mit der deutschen Sprache und den vornehmsten Schriftstellern unserer Nation bekannt ist. Nichtsdestoweniger behauptete er hartnäckig, daß die Deutschen keinen Namen aufzuweisen hätten, welcher mit den berühmten Genies der französischen Nation in diesem oder jenem Falle verglichen werden könnte.

Die Markgräfin besaß die Großmut, sich ihrer Landsleute anzunehmen. Der Streit wurde lebhaft. Endlich foderte die Prinzessin den Duc auf, ihr die Namen von sechs französischen Genies zu geben, die er für unvergleichbar hielte.

Der Duc nahm eine Karte und schrieb darauf:

Descartes,
Fontenelle,
Molière,
Buffon,
Montesquieu,
Gresset.

Die Markgräfin ergriff den Bleistift, und setzte gegenüber:

Leibniz,
Haller,
Lessing,
Gmelin,
Grotius,
Gleim.

Hierauf ersuchte der Duc, welcher über das Defi betroffen schien, die Prinzessin, die Aufforderung umzuwenden. Er erhielt folgende Namen.

Kopernikus,
Friedrich Wilhelm II,
Luther,

Hasse,
Winckelmann,
Klopstock.

Der Duc küßte die Karte und erklärte sich für überwunden.

Zur Geschichte der deutschen Rentkammern.

Die Zentrallandestugend in Baden ist die Haushaltungskunst. Nirgendswo trifft man weniger verlorne Erdreich, Lustgärten, Teiche, Tiergärten, Fasanerien, Terrassen, Alleen, an. Dieses ist, nach der Anmerkung des Lord Chesterfield, ein Merkmal, woran man den Wohlstand eines Landes beurteilen muß.

In der Kultur dieser Kunst trägt der Fürst, so wie in allen übrigen Tugenden, seinen Untertanen die Fackel voran. Man trifft keine Rentkammer an, worin mehr Licht, ein größerer Geist der Ordnung und des Systems herrschet, als zu Karlsruhe. Als der Markgraf seine Regierung antrat, so war die Schatzkammer nicht in den Umständen, worin sie gegenwärtig ist. Es waren große Schulden von den Prinzen, seinen Vorwesern vorhanden, welche die französischen Kriege verursacht hatten. Man erwartete ihre Tilgung von seiner Gerechtigkeit und Menschenliebe. Der Hof war in beträchtliche Apanagen engagiert. Die Provinz Baden-Baden, hatte damals noch ihre eigne Regenten. Sie lag in einem Abgrunde von Schulden. Der durlachische Hof, an welchen solche Provinz nach Erlöschung jener Linie fallen sollte, hatte in der hierüber errichteten Erbverbrüderung, die Bezahlung dieser Schulden übernommen.

Einen weniger entschlossenen Regenten würde eine solche Lage scheu gemacht haben. Vermöge der Weisheit des Markgrafen wurde eine der klügsten Finanzoperationen erfunden, diese Schulden zu tilgen. Die Bürgere jener benachbarten Staaten, bei denen nicht erlaubt ist, ungestraft reich zu sein, schätzen sich itzt ebenso glücklich, ihr vorrätiges Geld in die Rentkammer zu Karlsruhe niederzulegen, wie sich ein Premierminister zu .... oder .... schätzt, seine Reichtümer in die Bank zu Genua oder Amsterdam zu flüchten.

Beschluß der Reise.

Der Überrest Schwabenlandes bestehet in einem Striche, der längs dem Schwarzwalde hinziehet. Er ist mit einer unzählbaren Menge kleiner Herrschaften, Staaten und Monarchien bedeckt, welche oft kaum so groß sind, daß ihr Erdkreis die Tabatiere des Regenten ausfüllt. Was man in diesen Gegenden beobachtet, ist ein Kontrast unfruchtbarer Ländereien mit einigen wenigen angebauten Feldern; mageres Hornvieh, unwirtbare Waldungen, verfallene Schlösser, elende Bauerhütten, Amtleute und Bettler.

Zur Textgestaltung

Der Text der vorliegenden Ausgabe folgt dem Erstdruck: *Anselmus Rabiosus / Reise / durch / Ober-Deutschland.* / Salzburg und Leipzig. / 1778. – Zugrunde gelegt wurde das Exemplar der Universitätsbibliothek Freiburg.

Die Textredaktion orientiert sich an den Konventionen für Lese- und Studienausgaben. Die Interpunktion des Erstdrucks wurde mit einer Ausnahme beibehalten: Gedankenstriche in Folge wurden durch Auslassungspunkte ersetzt. Die Orthographie wurde (auch bei Orts- und Personennamen) behutsam nach den Gepflogenheiten des Duden modernisiert, wobei der Lautstand gewahrt bleiben sollte. Groß- und Kleinschreibung, Getrennt- und Zusammenschreibung wurden, soweit die Semantik dies zuließ, zeitgenössischen Normen angepaßt. Die Schreibweise von Fremdwörtern wurde nur dann dem heutigen Stand angeglichen, wenn die veraltete Form im Duden nicht mehr verzeichnet ist (deshalb: »Convent«, aber »Polizei«), wobei auch hier der Lautstand erhalten blieb. Nicht modernisiert wurden fremdsprachliche Ausdrücke, die nicht eingedeutscht wurden (Beibehalten der fremdsprachlichen Schreibweise und der grammatikalischen Besonderheiten, konsequenter Verzicht auf Deklinationsendungen; z. B. »Officiers« und »des Clima«). Stärkere Eingriffe in den Lautstand und die Korrekturen mutmaßlicher Druckfehler wurden im fortlaufenden Text mit Marginalziffern versehen und in ein »Verzeichnis der berichtigten Druckfehler« aufgenommen. Eine Vereinheitlichung des schwankenden Sprachgebrauchs und der verschiedenen Schreibweisen Wekhrlins wurde nicht angestrebt (deshalb steht »fodern« neben »fordern« und »Städtchen« neben »Städtgen«). – Hervorhebungen (im Erstdruck grotesk, gesperrt oder fett gedruckt) erscheinen einheitlich kursiv.

Verzeichnis der berichtigten Druckfehler

1 S. 18: *Friedrichs II:* irrtüml. *»Friedrichs III«*
2 S. 30: Schrobenhausen: irrtüml. »Schwobenhausen«
3 S. 34: Staatsruder: in einem Teil der Auflage irrtüml. »Staasruder«
4 S. 35: Aufenthalte: in einem Teil der Auflage irrtüml. »Aufenhalte«
5 S. 56: Pilzen: irrtüml. »Pilsen«
6 S. 62: *Quo:* in einem Teil der Auflage irrtüml. *»Que«*
7 S. 82: Praxis: irrtüml. »Praxin«
8 S. 88: Stehn: in einem Teil der Auflage irrtüml. »Sehn«
9 S. 90: Anekdote: irrtüml. »Anectode«
10 S. 173: Landkarte: in einem Teil der Auflage irrtüml. »Ladcharte«

Anmerkungen zum Text

6 *Zuweilen sagt auch ein leichtsinniger Skribent etwas Wahres:* Zitat aus einer Rezension der Wiener ›Literarischen Monate‹. Diese Besprechung von Wekhrlins Erstlingswerk ›Denkwürdigkeiten von Wien‹ war im Grundton eher negativ, obwohl der Rezensent dem Autor einen relativ guten Stil zugestehen mußte (Literarische Monate. Wien, Dezember 1776, S. 258). Zum Verleger Trattner vgl. Anm. zu S. 24.

7 *Marsigli:* Luigi Ferdinando Marsigli (1658–1730), ital. Gelehrter und Militär, der den unteren Lauf der Donau sorgfältig wissenschaftlich beschrieben hat (Danubius pannonico-mysicus, observationibus geographicis, astronomicis, hydrographicis, historicis, physicis perlustratus et in sex tomas digestus (...). Amstelodami 1726). Marsigli gilt als ein typischer Gelehrter der italienischen Frühaufklärung.

die schönen Linzerinnen: Gustav Gugitz zufolge ist Wekhrlin der Urheber der Legende von den schönen Linzerinnen. Für spätere Reisende wird dieses Urteil zu einem unverzichtbaren Topos (vgl. G. Gugitz, Die schöne Linzerin. Ein Beitrag zur Alt-Linzer Sittengeschichte. Linz a. D. 1929).

Frauenzimmerkloster: nicht nachweisbar; vgl. G. Gugitz: »Mir ist leider kein Frauenkloster bekannt, welches ein halbe Meile vor Linz liegt« (wie Anm. oben, S. 12).

8 *dem heiligen Antonius:* Der hl. Antonius (um 250–356) gilt als der Vater des Mönchstums; die Versuchungen des Antonius, darunter – als Inbegriff der Verführung – eine Frau, sind ein beliebtes künstlerisches Motiv. Als Schutzpatron Oberösterreichs ist eher Sankt Florian verbürgt.

Herzog Ernst die schöne Magelone: Herzog Ernst ist der Held einer verbreiteten Volkssage, die Stoffe unterschiedlicher Herkunft in sich vereint. Der älteste schriftlich überlieferte Beleg einer literarischen Fassung stammt aus dem 12. Jahrhundert (mhd. Versdichtung). Bei der schönen Magelone handelt es sich um die Protagonistin einer französischen Prosaerzählung aus dem 13. Jahrhundert vom edlen Peter von Provence und der neapolitanischen Königstochter Magelone (ursprünglich die Gründungslegende der Kathedrale von Maguelonne). Beide Stoffe wurden häufig bearbeitet, vor allem in frühneuhochdeutscher Zeit in den sogenannten »Volksbüchern«. Eine

Verbindung der Stoffe, wie sie Wekhrlin suggeriert, ist nicht nachweisbar. Möglicherweise verwechselt er Herzog Ernst und Peter von Provence.
Donaustrudel: Die Information Wekhrlins stimmt, was die Beseitigung der gefährlichen Stelle anbelangt, nur scheint er sich in der Ortsangabe geirrt zu haben. Der Strudel, den Maria Theresia 1773 durch Felssprengung zu entschärfen befahl, befand sich in der Nähe der Stadt Grein. Weitere Sprengungen fanden 1778/79/80 statt. – Allerdings ist auch bei Ybbs eine für die Schiffahrt gefährliche Stelle belegt: »Unter Ips beginnt die sogenannte *Böse Beuge,* ein über eine Stunde langer Bogen um eine kaum eine halbe Stunde breite Landspitze, die für Schiffer nicht ohne alle Gefahr befahren werden kann« (Ersch/Gruber, Allgemeine Encyclopädie).
convenablesten: angemessensten.
Böte: veraltete Lautform von Boote.
9 *Gargantua:* Held des gleichnamigen Romans von François Rabelais (1494–1553). Wenn Wekhrlin hier ganz abstrakt auf die Gefräßigkeit des Riesenkindes Gargantua hinweist, so muß er sich nicht unbedingt auf Rabelais beziehen; diesen Charakterzug überliefert bereits ein zeitlich früheres französisches Volksbuch, die 1532 erschienenen ›Grandes et inestimables cronicques du grant et enorme geant Gargantua‹, von dem der Buchhändler im Verlauf von zwei Monaten mehr Exemplare abgesetzt haben soll, als er in den neun Jahren zuvor Bibeln verkaufen konnte.
Colombs: Christoph Kolumbus (1451–1506), genues. Seefahrer, der 1492 die »Neue Welt« entdeckte.
Ulysses: lat. Namensform von Odysseus, dem Helden von Homers ›Odyssee‹, der nach dem trojanischen Krieg zehn Jahre lang umherirrte, ehe er nach Ithaka heimkehren konnte.
Opera Dido: Die mythologische Frauengestalt Dido gilt als die Urmutter Karthagos. Nachdem ihr Bruder Pygmalion aus Habgier ihren Gatten getötet hatte, floh Dido nach Libyen; um der Heirat mit dem libyschen König zu entgehen, verübt sie Selbstmord. Unklar ist, aus welcher Quelle die Begegnung Didos mit Aeneas stammt (vgl. vor allem Vergil, Aeneis). – Im 18. Jahrhundert entstanden zahlreiche theatralische Bearbeitungen dieses Mythos; das berühmteste Libretto stammt von Pietro Metastasio (1698–1782), das Niccolò Jommelli (1714–1774) vertonte: ›Didone abbandonata‹ (Uraufführung 1747).
Popowitsche: Johann Siegmund Valentin Popowitsch (1705–1774), österr. Sprach- und Naturforscher, der seiner Sprachschriften wegen vor allem von den Gottschedianern angegriffen wurde; Hirsching

(Historisch-literarisches Handbuch) überliefert: »er besaß noch mehr Genauigkeit, als Gottsched«.
Weiskern: Friedrich Wilhelm Weiskern (1710–1768), österr. Schauspieler und Topograph, Verfasser der dreiteiligen ›Topographie von Niederösterreich‹ (Wien 1767–1770).
Herodots: Herodot, griech. Historiker (5. Jhdt. v. Chr.), dessen Geschichte Griechenlands sich durch zahlreiche Exkurse (eingeschobene Reden, Gespräche, Novellen und Anekdoten) auszeichnet und die reine Übermittlung von historischen Fakten und sachlichen Details mit geographischen und ethnologischen Informationen verknüpft – dennoch gilt seine Darstellung im allgemeinen als verläßlich, obwohl Wekhrlin hier das Gegenteil suggeriert.
Gullivers: Held des satirischen Romans ›Gulliver's Travels‹ (1726) des irischen Schriftstellers Jonathan Swift (1667–1745), auf dessen unglaubliche Abenteuer Wekhrlin hier anspielt.
Wienerischneustadt: eigtl. Wiener Neustadt.
10 *Filet stricken:* im 18. Jahrhundert aus dem Französischen entlehnte Bezeichnung für feine weibliche Handarbeiten.
Pas de deux: Tanz für einen Solotänzer und eine Solotänzerin.
Ballett Agamemnon: Ballette waren im 18. Jahrhundert ähnlich wie die Oper an vielen europäischen Höfen (vor allem aber am französischen) schr geschätzt. Die Handlung wurde häufig aus antiken Mythen entlehnt.
Eau de la Marschalle: eigtl. Maréchale, Name eines Parfums.
Marie Theresens: Maria Theresia (1717–1780), seit 1740 Königin von Böhmen und Ungarn, vermählt mit Franz Stephan von Lothringen, der 1745 zum röm.-dt. Kaiser Franz I. gewählt wurde.
Fohi: mythischer Herrscher, den die Chinesen als ihren ersten Kaiser betrachten (vgl. Voltaire, Essai sur les mœurs, I. Kap.).
Sesostris: griech. Namensform von drei ägyptischen Königen der 12. und 13. Dynastie; auf welchen Wekhrlin hier anspielt, ist nicht nachweisbar.
Kon-Fut-Se: Konfuzius (2. Hälfte des 6. Jhdts. bis Anfang des 5. Jhdts. v. Chr.), chines. Philosoph, dessen zeitgenössische Bedeutung Voltaire im II. Kap. des ›Essai sur les mœurs‹ widerspiegelt.
Karls des Großen: Karl I., der Große (747–814), König der Franken und Langobarden, seit 800 röm. Kaiser. Im Mittelalter wurde Karl der Große in der Karlssage zum Idealherrscher verklärt.
Muhammeds: Mohammed (ca. 570–632), Stifter des Islams
Peters I: Peter I., der Große (1672–1725), seit 1682 russ. Zar, bekannt wegen der Europäisierung seines Landes. Unter seiner Regentschaft wurden die militärische Schlagkraft (vor allem zur See)

erheblich verstärkt, zahlreiche Verwaltungsreformen durchgeführt und ein neuer Dienstadel geschaffen.

Solon: athen. Staatsmann und Dichter (ca. 640–ca. 558 v. Chr.), Vermittler in den Auseinandersetzungen zwischen dem athen. Adel und den Bauern (Aufhebung der Schuldknechtschaft), Reformer des Familien- und Erbrechts, der Wirtschaftsstruktur und der Wehrordnung. Solon galt später als einer der sieben Weisen und als Begründer der attischen Demokratie.

Brahma: ursprünglich die höchste männliche Gottheit Indiens. Wie Voltaire im IV. Kap. des ›Essai sur les mœurs‹ ausführt, wird vereinzelt die Menschwerdung Brahmas angenommen (vgl. die Darstellung in Ersch/Gruber, Allgemeine Encyclopädie, wo Brahma folgende Erscheinungsformen zugeordnet werden: »1) als Weltschöpfer, 2) als Urheber des Menschengeschlechts, 3) als Stammvater der vier indischen Kasten und 4) als göttlicher Gesetzgeber und Religionsstifter«).

11 *Codex Austriacus:* die seit Kaiser Leopold I. (1640–1705; König von Ungarn seit 1655 und Böhmen seit 1656, röm.-dt. Kaiser seit 1658) bestehende halboffizielle österreichische Gesetzessammlung.

Codex Theresianus: 1753 unter Maria Theresia (vgl. Anm. zu S. 10) in Auftrag gegebener Entwurf eines Zivilgesetzbuches, das nie in Kraft trat; 1766 nach dreizehnjähriger Arbeit veröffentlicht.

Normalschulen: Lehrerbildungsanstalten; die erste Normalschule wurde 1771 eröffnet. Nach der Schulordnung von 1774, an deren Ausarbeitung der Generaldirektor des österreichischen Schulwesens, der schlesische Pädagoge Johann Ignaz Felbiger (1724–1788), maßgeblich beteiligt war, sollten an diesen Schulen die zukünftigen Lehrer fachlich und vor allem pädagogisch ausgebildet werden. Der schlesische Schulreformer wurde 1774 von Maria Theresia nach Wien berufen.

Katastrophe: hier im Sinne von Umschwung, Veränderung zum Positiven.

Fall der Jesuiten: Der Jesuitenorden wurde am 21. August 1773 durch das Breve *Dominus ac Redemptor* von Papst Clemens XIV. aufgehoben und erst 1814 wieder zugelassen.

12 *Argesilaus:* Agesilaos II. (ca. 444–360 v. Chr.), König von Sparta, der dank seines strategischen Geschicks – trotz körperlicher Mängel – glänzende Siege davontrug (vgl. die Beschreibungen bei Xenophon, Cornelius Nepos und Plutarch).

13 *Bluturteln:* veraltete Form von Bluturteilen.

Sammlung ... Bluturteln: nicht identifizierbar.

ein philosophischer Zuschauer: nicht identifizierbar.

14 *Chroniker:* nicht identifizierbar.
Sonnenfels: vgl. Anm. zu S. 23.
Melpomene und Thalie: Musen der tragischen und der komischen Dichtkunst.
affigiert: hier im Sinne von erschienen.

15 *verflößen:* hier im Sinne von in Umlauf bringen.
die Regierungen der Leopolde und Ferdinande: Ferdinand II. (1578–1637), König von Böhmen (seit 1617) und Ungarn (seit 1618), röm.-dt. Kaiser (seit 1619). Ferdinand III. (1608–1657), König von Ungarn (seit 1625), Böhmen (seit 1627) und Rom (seit 1636), röm.-dt. Kaiser (seit 1637). Leopold I. (1640–1705), König von Ungarn (seit 1655) und Böhmen (seit 1656), röm.-dt. Kaiser (seit 1658).
Herzogs von Friedland: Albrecht Eusebius Wenzel Wallenstein, Herzog von Friedland und Mecklenburg, Fürst von Sagan, genannt der Friedländer (1583–1634), böhm. Feldherr des Dreißigjährigen Krieges. Wallenstein erwarb durch Heirat ausgedehnten Grundbesitz in Böhmen, nach dem Böhmischen Aufstand fielen ihm weitere 50 Besitztümer von vertriebenen Widersachern des Kaisers zu. Nachdem Wallenstein durch die Aufstellung eines eigenen Heeres zahlreiche Siege erfochten hatte und auf diese Weise die Macht des Kaisers stärken konnte, drängten die Reichsstände auf seine Absetzung. Zwar verteidigte er das Reich noch mit Erfolg gegen die Schweden, dann wurde er jedoch des Hochverrats bezichtigt und in Eger ermordet.
Grafen Czobor: Josef Graf Czobor (1. Hälfte – Ende des 18. Jhdts.), ungar. Privatier. Er war der letzte Vertreter eines angesehenen und sehr vermögenden ungarischen Adelsgeschlechts. Der leidenschaftliche Spieler war wegen seines Hangs zur Verschwendung berühmt. Von ihm sind zahlreiche Anekdoten überliefert, u. a. folgende: Er habe einst am Hofe Maria Theresias mit einem Rivalen eine Wette abgeschlossen, daß er anläßlich eines Hoffestes am kostbarsten gekleidet sein würde, ohne Perlen und Edelsteine zu tragen. Der Rivale erschien in einem prächtigen Gewand, Czobor in einem eher einfachen Pelz, unter dem er einen echten Correggio trug. – Allerdings verlor der Graf seinen Reichtum nach und nach im Spiel; nach dem Tod Franz I., der ihm eine hohe Leibrente ausgesetzt hatte, mußte Czobor von einer Gnadenpension eine eher kümmerliche Existenz führen.
Henrich des Großen: vermutlich Heinrich IV. (1050–1106), dt. König (seit 1054) und röm. Kaiser (seit 1084), der den Beinamen »der Große« oder »der Ältere« trug. Die Mittellosigkeit, von der Wekhrlin hier spricht, könnte sich entweder auf den Gang nach Canossa

beziehen, mit dem Heinrich IV. von Papst Gregor VII. die Loslösung vom Kirchenbann erreichte (1077), oder auf die Gefangennahme Heinrichs IV. durch seinen Sohn Heinrich V. (1104), mit der dieser die Abdankung des erneut gebannten Vaters erzwang (vgl. Zedler, Universal-Lexikon: »Der alte *Henricus* war nach diesem [d.i. die Abdankung] so verlassen, daß er fast Hungers starb, u. wegen des Bannes nicht einmahl eine *Praebende* von dem Stift Speyer, so er sich ausgebeten, erhalten konnte«).

Kapitulationen: Eine »Kapitulation d.h. eine Begrenzung der Dienstzeit auf eine Anzahl Jahre war nur für Ausländer gestattet. Der ›Inländer‹ diente »ewig«, d.h. bis zum Tode oder wenigstens bis zu seiner vollständigen Dienstuntauglichkeit« (J. C. Allmeyer-Beck, Die Armee Maria-Theresias und Josephs II., in: Österreich im Zeitalter des aufgeklärten Absolutismus. Wien 1983, S. 81f.).

16 *Baron Fries:* Reichsgraf Johann von Fries (1719–1785), schweiz. Bankier und Kommunalpolitiker, der auch in Wien eine Bankfiliale betrieb. Er unterstützte Maria Theresia im Siebenjährigen Krieg mit erheblichen Geldsummen. Zum Dank für seine Loyalität gegenüber dem Herrscherhaus erhielt er eine Reihe von Auszeichnungen: Er wurde zum Kommerzienrat ernannt (1752), in den erblichen Ritterstand (1757) und in den Freiherrenstand (1762) erhoben; 1771 wurde ihm der Titel eines k.k. Hofrates verliehen; 1783 wurde er schließlich durch Joseph II. Reichsgraf. – Die Erhebung in den Freiherrenstand erfolgte durch den eigenhändigen Erlaß der Kaiserin Maria Theresia vom 1. Dez. 1762: »Dem Fris mögte die gnad thun, ihn zum Baron zu machen ohne das er es selbst begert als ein *attention* vor seine gutte Dienst die er mir leystet doch mit Bezahlung der Taxen« (zit. nach Wurzbach, Biographisches Lexikon).

Herrn von Strolendorf: österr. Bankier, mit dessen Sohn Wekhrlin befreundet war (vgl. Wekhrlin, Chronologen, Band V, S. 353).

17 *Prinzen Eugen:* Prinz Eugen von Savoyen (1663–1736), österr. Feldherr und Staatsmann, der in den Türkenkriegen und im Spanischen Erbfolgekrieg siegreich war und Statthalter in den Österreichischen Niederlanden wurde. Prinz Eugen gilt darüber hinaus als Förderer der Wissenschaften und der Künste; er unterhielt Verbindungen zu Leibniz, Montesquieu und Voltaire.

Feldmarschall Khevenhüller: Ludwig Andreas Graf von Khevenhüller-Frankenburg (1683–1744), österr. Feldherr und Politiker, der sich vor allem während des Österreichischen Erbfolgekrieges wegen seiner Unterstützung Maria Theresias auszeichnete – als Dank und Anerkennung wurde ihm 1744 das Goldene Vließ verliehen. Bei der Nachricht von seinem Tod, die in Wien seiner Beliebtheit wegen (vor allem beim Heer) große Bestürzung auslöste, soll Maria Theresia gesagt haben: »Je perds en lui un fidele sujet et un defenseur que Dieu seul pouvoit recompenser« (Ich verliere an ihm einen treuen Untertan und einen Beschützer, den Gott allein belohnen konnte; Hirsching, Historisch-literarisches Handbuch).

Feldmarschall Daun: Leopold Joseph Graf Daun (1705–1766), österr. Feldherr und Militärreformer, nahm unter Karl VI. am Polnischen Erbfolgekrieg teil und kämpfte im Türkenkrieg (1737/38). 1739 wurde er zum Feldmarschall ernannt. Daun war mit der Reorganisation des Heeres beauftragt. 1753 wurde er mit dem Goldenen Vließ ausgezeichnet. Im Siebenjährigen Krieg erfocht er die Siege bei Kolin und Hochkirch – zur Anerkennung erhielt er das Großkreuz des Militär-Maria Theresien-Ordens. 1762 wurde er Präsident des Hofkriegsrates.

Feldmarschall Lacy: Franz Moritz Graf von Lacy (1725–1801), österr. Feldherr und Militärreformer. Für seine Leistungen im Siebenjährigen Krieg erhielt er das Großkreuz des Militär-Maria Theresien-Ordens. 1766 wurde er zum Feldmarschall ernannt, nach dem Tod Dauns wurde Lacy dessen Nachfolger als Präsident des Hofkriegsrates (1766). Joseph II. bezeichnete den Ritter des Goldenen Vließes unmittelbar vor seinem Tod als seinen »ausgezeichnetesten Freund«.

18 *Büchsenschifter:* Nebenform von *Büchsenschäfter,* d.i. ein Handwerker, der Büchsen mit einem Schaft versieht (Analogbildung: *Stiefelschäfter;* vgl. Jacob und Wilhelm Grimm, Deutsches Wörterbuch).

Unmacht: veraltete Form von Ohnmacht.

Menzel: Johann Daniel von Menzel (gest. 1744), sächsischer Husarenoberst, berüchtigt wegen seiner unkonventionellen und barbarischen Kriegsmethoden. Er diente unter Khevenhüller (vgl. Anmerkung zu S. 17) und zeichnete sich besonders im Österreichischen Erbfolgekrieg aus.

Trenck: Freiherr Franz von der Trenck (1711–1749), österr. Pandurenoberst. Seine militärischen Glanzleistungen (vor allem im Österreichischen Erbfolgekrieg) wurden durch seine Ausschreitungen und barbarischen Übergriffe überschattet. Trenck, Konkurrent Menzels, diente ebenfalls unter Khevenhüller. Der Pandurenoberst fiel allerdings später in Wien in Ungnade und wurde zu lebenslanger Festungshaft verurteilt, der er sich möglicherweise durch Selbstmord entzog.

Friedrichs II: Friedrich II. (1712–1786), König von Preußen seit 1740 und hervorragender Stratege; dessen Anerkennung der militärischen Leistungen Lacys ist mehrfach belegt (vgl. z. B. Friedrich Nicolai, Gesammelte Werke, Bd. VII. Hrsg. v. Bernd Fabian und Marie-Luise Spieckermann, Anekdoten von König Friedrich von Preußen (1788–1792). Hildesheim/Zürich/New York 1985 (= Reprographischer Neudruck der Ausgabe Berlin und Stettin 1788–1792), 2. Heft, S. 127f.).

19 *Ausschweifung:* Abschweifung.

Unterhandlungen zu Münster: Verhandlungen, die zur Beendigung des Dreißigjährigen Krieges durch den Westfälischen Frieden (1648) führten.

die wegen Schlesien: Kriege zwischen Preußen und Österreich um den Besitz Schlesiens; der Erste Schlesische Krieg (Österreichischer Erbfolgekrieg; 1740–1742) wurde mit dem Frieden von Berlin, der Zweite Schlesische Krieg (1744–1745) mit dem Frieden von Dresden beendet. Der Siebenjährige Krieg (1756–1763) wird gelegentlich als Dritter Schlesischer Krieg bezeichnet; nach dem Vorfrieden von Fontainebleau (1762) fand 1763 auf Schloß Hubertusburg bei Leipzig der endgültige Friedensschluß statt.

bis auf die heutigen: Anspielung auf die Vorbereitungen des Friedens von Teschen 1779, der den Bayerischen Erbfolgekrieg beendete.

ein österreichischer Minister ... um ein Bonmot anzubringen: Einer historisch nicht verbürgten Anekdote zufolge ist der Erste Schlesische Krieg durch die freche Antwort eines österreichischen Diplomaten ausgelöst worden.

Graf Windisch-Graetz: Ernst Friedrich Graf von Windisch-Graetz (1670–1727), österr. Staatsmann, seit 1714 Präsident des Reichshofrates, seit 1724 Staats- und Konferenzminister.

ein berühmter Schriftsteller: möglicherweise Sonnenfels (vgl. Anm. zu S. 23).

20 *Dikasterianten:* allgemeiner Begriff für Verwaltungsbeamte, deren Überzahl und mangelhafte Arbeitsmoral beklagt wurde.

Fatuität: Einfalt, Eitelkeit.

Makkaroni: hier sinngemäß Dandy, Snob. Wekhrlin verwendet diese pejorative Bezeichnung auch in den ›Denkwürdigkeiten von Wien‹: »Er sah aus, wie ein Tagvogel, so geschminkt. Es ist der erste Maccarone, den ich hier sah ...«.

Kupidons: Anspielung auf den Liebesgott Kupido/Amor/Eros.

Pflastertreter: Müßiggänger, Faulenzer (Substantivbildung nach der frz. Redewendung »battre le pavé«, sich zwecklos herumtreiben, ein müßiges Leben führen).

Reichshofrat: Der Reichshofrat war das oberste kaiserliche Gericht im Heiligen Römischen Reich. An dessen Spitze stand der Kaiser, der über das »votum ad imperatorem« unmittelbar Einfluß auf die Rechtssprechung nehmen konnte. Der Präsident dieses Gerichts gehörte als Vertreter des Kaisers dem Hochadel oder mindestens dem Grafenstand an. Der Reichshofrat war zuständig für Reichslehnsachen, Kriminalklagen gegen Reichsunmittelbare, Streitigkeiten über kaiserliche Reservatrechte und Privilegien sowie für italienische Angelegenheiten. Höchstes Gericht des Deutschen Reiches war das Reichskammergericht (seit 1693 in Wetzlar), das über Landfriedensbruch, Reichsacht, fiskalische Klagen, Besitzstreitigkeiten zwischen Reichsunmittelbaren und Zivilklagen zu entscheiden hatte und oberstes Berufungsgericht für alle Land- und Stadtgerichte war (sofern diese nicht über ein Appellationsprivileg verfügten). Mit dem ausgehenden 17. Jahrhundert sank die Bedeutung des Reichskammergerichts zusehends zugunsten des Reichshofrates.

Kaunitz: Wenzel Anton Graf Kaunitz (1711–1794), österr. Staatsmann, seit 1764 Fürst von Kaunitz-Rietberg, Staatskanzler, dienstältester und mächtigster Minister der Dynastie, der sowohl für das berühmte *Renversement des alliances* verantwortlich war als auch für grundlegende innenpolitische Reformen. Er setzte sich nachdrücklich für die Gründung des Staatsrates ein, der zum wichtigsten Exekutivorgan der Monarchie werden sollte, sowie für zahlreiche weitere strukturelle Veränderungen (Josephinische Reformen). Außenpolitisch erklärte er 1749 die Rückgewinnung Schlesiens zum vorrangigen Ziel.

Hatzfeldt: Karl Friedrich Anton Graf von Hatzfeldt (1718–1793), österr. Staatsmann, seit 1761 »deutsch-erbländischer Credits- Deputations- und Stadt-Wienerischer Bancopräsident und Generalkassendirector«, ab 1765 Präsident der Hofkammer und inoffiziell Finanzminister. 1771 wurde Hatzfeldt aller Ämter enthoben – vermutlich auch infolge von Meinungsverschiedenheiten mit Kaunitz – und erhielt eine lediglich beratende Funktion im Staatsrat.

in Rembrandts Manier: vermutlich eine Anspielung auf die Lichttechnik (Hell-Dunkel-Kontraste) in Rembrandts Gemälden und damit auf die Lichtmetaphorik.

Grafen Canalis: Luigi Girolamo Malabaila, conte di Canale (1704–1773), ital. Diplomat und Schriftsteller, von 1737 an bis zu seinem Tod Gesandter Karl Emanuels III. von Savoyen. Wekhrlin irrt bei der Angabe seines Todesjahres.

21 *Delikatesse im peinlichen Verfahren:* rücksichtsvolle Handhabung der Strafrechtspflege.

Vorsicht: hier Vorsehung.

22 *peremtorisch:* endgültig, unwiderrufbar.
des Pinsels eines Petron würdig: Gajus Petronius (gest. 66 n. Chr.), röm. Dichter, vermutlich der Verfasser des berühmten, nur in Auszügen erhaltenen ›Satyricon‹, das neben erotischen Abenteuern und gesellschaftlichen Intrigen ein sehr differenziertes, alle sozialen Schichten umfassendes satirisches Bild der zeitgenössischen Gesellschaft bietet. Großen Raum verwendet der Verfasser auf die Schilderung von moralisch anrüchigen Kreisen und die Beschreibung ungebildeter Emporkömmlinge, etwa auf das Gastmahl des Trimalchio, auf das Wekhrlin hier anspielt.
Pflegern: Verwaltern.
Pachtbeständern: Pächtern.
23 *einen ihrer vornehmsten Schriftsteller:* Joseph Reichsfreiherr von Sonnenfels (1733–1817), österr. Staatsmann, Staatstheoretiker und Schriftsteller; seit 1763 Professor für Polizei- und Kameralwissenschaften an der Universität Wien, seit 1764 k. k. Rat, seit 1767 k. k. Regierungsrat. Sonnenfels' Interessen galten sowohl den Polizei- und Kameralwissenschaften (Wekhrlin zitiert aus seinen ›Grundsätzen der Polizei-, Handlungs- und Finanzwissenschaft‹; 1765–1776) als auch der Literatur und insbesondere dem Theater. Er gab die moralische Wochenschrift ›Mann ohne Vorurteil‹ (1765–1767) heraus. Seine beharrliche Kritik an der Folter führte 1776 zur Abschaffung durch Maria Theresia.
ein junger Gelehrter zu Wien ein periodisches Blatt: In den sechziger Jahren entstanden in Wien etliche neue Zeitschriften. Das Blatt, auf das Wekhrlin hier anspielt, ist nicht zu identifizieren. Zur Wiener Zeitschriftenkultur vgl. Helmut W. Lang, Die Zeitschriften in Österreich zwischen 1740 und 1815. In: Die österreichische Literatur. Ihr Profil an der Wende vom 18. zum 19. Jahrhundert (1750–1830). Hrsg. v. H. Zeman. Graz 1979, Teil 1, S. 203–227.
Filiation: Abstammung, Herkunft.
24 *der Edle von Trattner:* Johann Thomas Edler von Trattner (1717–1798), österr. Buchdrucker und Verleger, größter Buchdrucker Österreichs im 18. Jahrhundert, der einen nicht unerheblichen Teil seines Erfolgs seiner Raubdruckertätigkeit verdankte. Die Protektion des Hofes verschaffte ihm zahlreiche Privilegien; Joseph II. ernannte ihn anläßlich seiner Krönung 1764 zum Ritter des Heiligen Römischen Reiches.
Sottisen: Dummheiten.
26 *Abt. St.-Réal:* César Vichard, abbé de Saint-Réal (1639–1692), frz. Historiker, Historiograph des Hauses Savoyen.
27 *in einem der Gärten der Kurfürsten:* Wekhrlin meint hier den Hof-

garten, wo die im folgenden beschriebene Statue auch heute noch zu besichtigen ist (Kopie auf dem Hofgartentempel). Regierender Kurfürst war Maximilian III. Joseph (vgl. Anm. zu S. 32).

die allegorische Statue Bayerns in Metall, unter dem Bilde eines Mädchens: Johann Krumper hat diese Bronze-Statue, Tellus Bavariae, nach einem Entwurf von Peter Candid ausgeführt: »Insonderheit ist darinn [d.i. im Hofgarten] der grosse Felsen-Berg oder Grotte sehenswürdig, auf welchem ein groß Weibs-Bild von Metall stehet. Selbiges hat auf dem Haupte ein Eichen-Laub, welches das Gehöltze in Bayern bedeutet; an dem rechten Arm hänget eine Hirsch-Haut mit einem grossen Hirsch-Geweyh, wodurch die Menge des Wildprets in Bayern angedeutet wird; in der lincken Hand träget es eine Aehre, so die Feld-Früchte anzeiget; zu den Füssen liegt ein Wein-Fäßlein, den Wein-Wachs in Unter-Bayern zu bemercken. Daneben liegt eine Saltz-Scheibe, welche die Saltz-Wercke anzeiget; um den Berg her aber sind Fische und Schnecken, wodurch die Fischreiche Eigenschafft der Flüsse bemercket wird. Vor dem Bilde stehen ein grosser Hund und Bär, die viel Wasser ausspeyen, dadurch anzuzeigen, daß diese Thiere so groß in Bayer-Land fallen und gefunden werden« (Zedler, Universal-Lexicon; Stichwort »München«).

28 *Dann:* hier und im folgenden häufig im Sinne von denn.

29 *Strickreuter:* seit Mitte des 18. Jahrhunderts als Bezeichnung für berittene Häscher, Landgendarmen zu Pferde gebräuchlich (möglicherweise abgeleitet aus einer im Westfälischen üblichen Strafe, Arrestanten mit Stricken an ein Pferd zu binden).

Der Bayer ist falsch ...: Friedrich Nicolai nimmt in seiner ›Beschreibung einer Reise durch Deutschland und die Schweiz im Jahre 1781. Nebst Bemerkungen über Gelehrsamkeit, Industrie, Religion und Sitten‹ unmittelbar Bezug auf diese Darstellung des bayerischen Nationalcharakters durch Wekhrlin: »Der Charakter der bairischen Nation ist in verschiedenen Schriften von der guten und bösen Seite geschildert worden. ... Der verkappte *Anselmus Rabiosus* sagt: ›Der Bayer ist *falsch, grausam, abergläubisch* und *verwegen.*‹ Dieß ist *höchstungerecht* geurtheilt. Die Baiern sind *grob,* aber nicht *hart; derb,* aber nicht *grausam; dreist* und *keck,* aber nicht *verwegen. Abergläubisch* sind sie freilich, und der gemeine Mann ist noch dazu sehr *faul* und dem *Trunke* ergeben. Daß sie *falsch* wären, kann man vielleicht so wie allenthalben von einzelnen Personen, aber gewiß nicht von der Nation im Ganzen behaupten; vielmehr könnte man eher sagen, daß beym äußerlich plumpen und groben Wesen *biedere Treuherzigkeit* unter dem gemeinen Volke in großem *Maaße* vorhanden ist.« (ebd., Bd. VI. Berlin und Stettin 1785, S. 754). Vgl. Nachwort.

Nirgendwo trifft man mehr Räder: Auch diese Aussage Wekhrlins hält Nicolai für korrekturbedürftig: »Was man dieser Nation immer am meisten vorwirft, sind die vielen *Räubereyen,* die im Lande vorgehen. *Anselmus Rabiosus* sagt . . . . Dieß ist nun eine kindische Uebertreibung. Es ist wahr, Dieberey, Straßenraub und Mord sind daselbst viel häufiger als in andern Ländern; die Galgen, wo sie stehen sind selten leer. Aber ich glaube wiederum nicht, daß man hieraus so sehr auf einen bösen Charakter des gemeinen Mannes, als vielmehr darauf schließen müsse, daß die Art ihn zu regieren und zu behandeln höchst unvollkommen und unzweckmäßig ist. Durch die ganz vernachläßigte Erziehung, und durch die allenthalben ausgebreitete stumpfe Bigotterie, sind die gemeinen Leute von allen nützlichen Kenntnissen entblößet und müssen dumm werden. Dummheit mit inniger Kraft vermengt, erzeugt ein sehr rohes Wesen« (F. Nicolai; wie Anm. oben, Bd. VI. Berlin und Stettin, 1785, S. 758). Vgl. Nachwort.

30 *Von bayrischer Art und Kunst:* Anspielung auf die Schrift ›Von deutscher Art und Kunst. Einige fliegende Blätter‹ (1773) mit Beiträgen von Johann Gottfried Herder (›Briefwechsel über Ossian‹ und ›Shakespear‹), Johann Wolfgang Goethe (›Von deutscher Baukunst‹), Paolo Frisi (›Versuch über die gotische Baukunst‹) und schließlich mit Justus Mösers Vorrede zu seiner ›Osnabrückischen Geschichte‹ (›Deutsche Geschichte‹), die von Herder herausgegeben wurde und die Kunst- und Geschichtsauffassung des Sturm und Drang programmatisch formuliert.

Karl Edmund von Spekner: eigentl. Joseph Valentin Edler von Spekner (gest. 1784), kurfürstl. Regierungsrat in Burghausen, Landrichter in Schrobenhausen, Mitglied der ökonomischen Gesellschaft. Spekner verfaßte für die reformierte Münchner Bühne die historischen Dramen ›William Buttler Baronet von Yorkshire‹ (1772) und ›Darius‹ (1775). Bekannt wurde er auch durch die Rede ›Von dem wahren Patrioten‹ (1775). Ausführlicheres über diesen vergessenen Autor bei P. Legband, Münchener Bühne und Literatur im 18. Jahrhundert. München 1901 (= Oberbayerisches Archiv 51), S. 270ff. (vgl. auch Anm. unten).

dieser Papierheld: wohl der Augsburger Conrad Heinrich Stage, der eine Zeit lang die Publikationen der Bayerischen Akademie der Wissenschaften druckte.

Forcerollen: Rollen, die dem Schauspieler Gelegenheit geben, seine Stärke *(force)* zu zeigen.

Debitrollen: vermutlich irrtümlich für Debütrollen, d.h. Einstandsrollen der Schauspieler.
Colombinschürze: Colombine oder Colombina, weibliche Figur der Commedia dell'arte, die listig-kokette Zofe oder Dienerin.
der ... Geste: eigentl. nur als Femininum belegt.
Darius: Trauerspiel, verfaßt von Joseph von Spekner, Maria Anna und Maximilian Franz Joseph von Berchem (vgl. Anm. zu S. 32) zugeeignet.
Luftpompe: veraltete Form von Luftpumpe.
31 *Die Universität zu Ingolstadt:* So schlimm, wie Wekhrlin die Zustände beschreibt, waren sie wohl nicht; Freiherr von Ickstatt hatte bereits wesentliche Reformen im Sinne der Aufklärung durchgeführt; außerdem ist nicht zu vergessen, daß der Gründer des Illuminatenbundes, A. Weishaupt, an dieser Universität lehrte und seinen Bund dort ins Leben rief. – Allerdings gründet sich Wekhrlins Kritik möglicherweise darauf, daß diese Universität 1775 je einen Vertreter ihrer Fakultäten nach Regensburg schickte, um den Exorzisten Johann Josef Gaßner zu beobachten, der Wekhrlins aufklärerischer Kritik nicht standhalten konnte (vgl. Anm. zu S. 57); vielleicht läßt sich Wekhrlin auch nur zu sehr von der früheren Bestimmung eines Teiles des Universitätsgebäudes beeinflussen: das Collegium Albertinum war nämlich ursprünglich ein Jesuitenkolleg.
Akademie zu München: 1759 von Kurfürst Maximilian III. Joseph gegründet; zunächst nur mit historischer und philosophischer Klasse, später um die Klasse der schönen Wissenschaften erweitert.
Sprache des Clima: hier die Volkssprache – im Gegensatz zur Sprache der Gelehrten (Latein) und zur Sprache des Hofes (Französisch).
l'Académie française: 1635 von Richelieu gegründet zur Pflege der französischen Sprache.
eine Ackerbaugesellschaft: Hierbei handelt es sich wahrscheinlich um die Burghausener sittlich-ökonomische Gesellschaft. Sie wurde ursprünglich von Joseph Franz Xaver von Hoppenbichl 1766 in Altötting gegründet, erhielt 1769 ein kurfürstliches Bestätigungsdekret als ›Churbaierische Landökonomiegesellschaft‹ und verlegte 1772 ihren Sitz nach Burghausen; in ihrer Zeitschrift ›Baierisch ökonomischer Hausvater Oder gesammelte und vermehrte Schriften der kurfürstlichen Gesellschaft sittlich- und landwirthschaftlicher Wissenschaften in Burghausen‹ (1779–1783) setzt sie sich vor allem für die Verbesserung der Landwirtschaft, für fiskalische Reformen und die Umgestaltung des Schulwesens ein. Die Kritik Wekhrlins bezieht sich möglicherweise auf den hohen Anteil adeliger und aus-

wärtiger Mitglieder und auf die schriftstellerische Tätigkeit einzelner führender Personen. Nicolais Darstellung ist zwar sachlicher, sie unterscheidet sich jedoch in der Bewertung der Aktivitäten der Gesellschaft nur geringfügig von Wekhrlins Urteil: »In diesem Städtchen *Alten-Oetting* nahm die *bairische ökonomische Societät* ihren Anfang. Der Hr. von *Hoppenbichl,* ein Kanonikus bey dem hiesigen Stifte errichtete im Jahre 1765 mit drey oder vier Officieren eine *deutsche Gesellschaft.* Dieß war in der dortigen Gegend so etwas unerhörtes, dass die dummbigotten Landpfarrer in der Gegend sich dawider auflehnten. Der sel. *Hr. v. Kohlbrenner* übernahm nicht allein derselben Vertheidigung in seinem *Intelligenzblatte,* sondern gab auch den weisen Rath, daß die Gesellschaft ihre Arbeiten auf die *Oekonomie* ausdehnen sollte, verfaßte den Plan dazu, und schaffte ihr die Bestätigung des Kurfürsten *Maximilian Joseph.* Nachher ist die Gesellschaft nach *Burghausen* als der Hauptstadt des Rentamts, worinn *Alten-Oetting* liegt, verlegt worden. Sie scheint jetzt nicht in sonderlicher Aktivität zu seyn, nur läßt sie jährlich ein Paar Lobreden drucken; welche komplimentenreiche Aufsätze zu der in Baiern so höchst nöthigen *Verbesserung* der *Landesökonomie* wohl freylich nichts beytragen können.« (F. Nicolai; wie Anm. zu S. 29, Bd. VI. Berlin und Stettin 1785, S. 493; vgl. ferner die Ausführungen von K. v. Reinhardstöttner, Die sittlich-ökonomische Gesellschaft (1765–1802). Forschungen zur Kultur- und Litteraturgeschichte Bayerns, Bd. III. Ansbach und Leipzig 1895, S. 48–151).

Scapin zu Colombine: Dienerfiguren aus dem italienischen Stegreiftheater (Commedia dell'arte); bei Scapin(o) handelt es sich um eine Variante »des schurkischen, intrigantischen, hinterhältig-höflichen Brighella« (vgl. W. Hinck, Das deutsche Lustspiel des 17. und 18. Jahrhunderts und die italienische Komödie. Commedia dell'arte und Théâtre italien. Stuttgart 1965 (= Germanistische Abhandlungen 8), S. 18); zu Colombine vgl. Anm. zu S. 30.

Injurien von besonderer Art: eine schwäbische Lokalbrochure: Titel einer insgesamt dreibändigen Zeitschrift (erschienen 1776–1778) von Johann Baptist von Knoll (geb. 1748; dt. Jurist, Kommunalpolitiker und Schriftsteller, seit 1771 Senator in Ravensburg, seit 1772 kurfürstl. pfalz-bayer. Rat und Salzspeditionskommissarius, seit 1773 Mitglied der Burghausener sittlich-ökonomischen Gesellschaft, wo er als »Joh. Bapt. von *Knoll,* Patricier von Ravensburg« immatrikuliert ist).

32 *Assan:* ältere Nebenform des Namens Asam. Aus dieser Künstlerfamilie stammen der berühmte Maler und Baumeister Cosmas Damian Asam (1686–1739) und der Bildhauer, Stukkateur, Baumeister

und Maler Egid Quirin Asam (1692–1750), die die bayerische Barockmalerei und -architektur wesentlich geprägt haben.
Kirche des heiligen Nepomuk: eigentl. St.-Johann-Nepomuk-Kirche, auch Asamkirche genannt (Sendlinger Straße 62). Das ursprünglich als Hauskirche der Asam geplante Gotteshaus wurde auf Drängen der Münchner Bürger schließlich als Gemeindekirche errichtet und 1746 eingeweiht; Egid Quirin Asam war nicht nur der Stifter, sondern auch der Architekt und ausgestaltende Künstler.
Baumgarten: Johann Graf von Baumgarten (1713–1772), bayer. Staatsmann, seit 1742 Reichsgraf, seit 1752 bayer. Gesandter in Wien, seit 1762 Konferenzminister in München; Präsident des geistlichen Rates und der Akademie der Wissenschaften.
Preysing: Johann Maximilian Graf von Preysing-Hohenaschau (1736–1827), bayer. Staatsmann, seit 1758 Hofrat und Ritter des Georgsordens, seit 1778 Geheimer Rat und Hofrats-Vizepräsident; Mitglied des landwirtschaftlichen Ausschusses des Rentamts München.
Berchem: Maximilian Franz Joseph Freiherr, Graf von Berchem (1702–1777), bayer. Staatsmann, seit 1745 bayer. Finanzminister, der u. a. mit der Gründung der Nymphenburger Porzellanmanufaktur und der staatlichen Gobelinmanufaktur zu Nymphenburg die zerrütteten Staatsfinanzen sanierte und bis zu seinem Tod als »allmächtiger Minister« des regierenden Kurfürsten galt. Zwar gebührt Berchem, der gleichzeitig Generalintendant sämtlicher Hof- und Lustschlösser sowie der übrigen kurfürstlichen Gebäude war, das Verdienst, den drohenden Staatsbankrott abgewendet und die Nachblüte des bayerischen Rokoko gefördert zu haben, den Verdacht der Bestechlichkeit konnte er jedoch nicht überzeugend zurückweisen.
Törring: Anton Graf von Törring-Seefeld (1725–1812), bayer. Staatsmann und Schriftsteller, Kammerpräsident und Finanzminister, Vizepräsident der Akademie der Wissenschaften.
Maîtres: Kurzform von petits Maîtres, d. h. Stutzer.
Schmarutzern: veraltete Form von Schmarotzern.
Maximilian Joseph: Maximilian III. Joseph (1727–1777), bayer. Kurfürst (seit 1745). Da seine Ehe mit Anna Maria von Sachsen kinderlos blieb, versuchte er mit dem Kurfürsten Karl Theodor von der Pfalz, dem erbberechtigten Wittelsbacher, Erbverträge (1766/1771/1774) abzuschließen. Seine Nachfolge war jedoch noch nicht befriedigend geregelt, als er am 20. 12. 1777 an Pocken starb. Joseph II., Nachfolger Maria Theresias, wollte von Karl Theodor die Abtretung Bayerns erreichen und als Gegenleistung einen Teil der

österreichischen Niederlande anbieten – ein Kompensationsgeschäft, an dem auch Karl Theodor Interesse hatte.

33 *Die Kriege von 1740:* Der Österreichische Erbfolgekrieg begann 1740 nach dem Tode Kaiser Karls VI. durch den Angriff Preußens auf Schlesien und dauerte bis 1745 (Dresdener Friede, 1748 vom Aachener Frieden bestätigt). Karl Albrecht von Bayern, Vater des regierenden Kurfürsten Maximilian III. Joseph, hatte während des Österreichischen Erbfolgekrieges auf der Seite Frankreichs gegen Österreich gekämpft. 1742 wurde Karl Albrecht mit Unterstützung Frankreichs und Preußens zum röm.-dt. Kaiser Karl VII. gewählt.

Riesenkinder: mythologische Anspielung auf die Bezwingung der Titanen durch ihre Kinder, die Kroniden (Zeus und seine Geschwister), die man traditionell als die Verdrängung der erdhaften Götter durch die geistigere Zeus-Religion deutet.

Sirenen: weibliche Fabelwesen, die die Matrosen durch ihren betörenden Gesang anlockten; Elemente dieses Volksglaubens finden sich im Schiffermärchen der ›Odyssee‹ (XII. 39ff., 158ff.).

34 *Zoll:* altes Längenmaß (2,3 bis 3 cm).

Hydra: schlangenartiges Ungeheuer mit neun Köpfen aus der griechischen Mythologie, das von Herkules bezwungen worden ist.

35 *divertieren:* zerstreuen, unterhalten, vergnügen.

36 *seines gotischen Ursprungs:* In der Terminologie der Aufklärung bedeutet »gotisch« als pejorativer Stilbegriff »längst überwunden, höchst veraltet, zurückgeblieben, ausgesprochen unmodern« und somit den Gegensatz zu Klarheit und Rationalität (vgl. Jacob und Wilhelm Grimm, Deutsches Wörterbuch).

Gaskonade: Protzerei, Prahlerei.

die Statue des heiligen Georgs: Diese Statue ist auch bei Keyßler beschrieben; er nennt unter anderen »höchstschätzbaren Dingen« auch »den Ritter S. Georg auf einem Pferde, welches aus einem trefflichen Stücke von rothem Achat gearbeitet ist. Des Reuters Rüstung ist von Diamanten in Gold gefasset« (Johann Georg Keyßlers Neueste Reise durch Teutschland, Böhmen, Ungarn, die Schweitz, Italien, und Lothringen (...). Hannover 1740, S. 68f.).

Herzog Christoph: Herzog Christoph von Bayern (1449–1493), Sohn von Herzog Albrecht III., der entgegen dem väterlichen Testament zugunsten seines Bruders Albrecht auf die Thronfolge verzichten mußte, war für seine sportlichen Leistungen berühmt. Wekhrlin paraphrasiert die Inschrift neben diesem Stein, der heute noch im Brunnenhof der Residenz zu besichtigen ist. Bei Lorenz Westenrieder sind diese Verse zitiert: »Als nach Christi Geburt gezehlt war,/Vierzehn hundert, neun und achtzig Jahr,/Hat Herzog

Christoph hochgeboren,/Ein Held aus Bayern auserkohrn,/Den Stein gehebt von freyer Erd,/Und weit geworfen ohngefehrd./Wiegt dreyhundert vier und sechzig Pfund,/Das giebt der Stein und Schrift Urkund.« (L. Westenrieder, Beschreibung von München. München 1782, S. 59).

37 *Hans von Fronsberg:* eigentl. Georg von Fronsberg oder Frundsberg (1473–1528), kaiserlicher Feldhauptmann, diente 1499 unter Kaiser Maximilian I. gegen die Schweizer und wurde 1509 zum Ritter geschlagen; als Landsknechtsoberst in Italien besiegte er 1513 die Venezianer und kommandierte 1519 die Truppen des Schwäbischen Bundes gegen Ulrich von Württemberg. Die Erwähnung Götzens in diesem Zusammenhang ist historisch fundiert: zusammen mit Franz von Sickingen setzte sich Georg von Frundsberg 1519 für den Ritter mit der eisernen Hand ein.

den Pendant: im 18. Jhdt. sowohl neutral als auch maskulin gebraucht; das Neutrum setzt sich erst ab ca. 1830 durch.

Götz von Berlichingen: Johann Wolfgang Goethes berühmtes Drama (1773) schätzte Wekhrlin wenig. Am französischen Geschmack geschult, war ihm das Kraftgenialische des Sturm und Drang zuwider – obwohl auch er manchmal die Sprache und die Diktion dieser literarischen Strömung benutzte.

St. Anna: Die Klosterkirche St. Anna im Lehel wurde 1727–1733 von Johann Michael Fischer errichtet und (u. a.) von Cosmas Damian und Egid Quirin Asam ausgestaltet; sie gilt als die erste und formbildende Rokokokirche Münchens und Altbayerns. Die von Wekhrlin genannten Altargemälde von Rubens (Heilige Dreifaltigkeit) und Bassetti (die Heiligen Veit, Wolfgang und Georg) befanden sich allerdings schon damals nicht in der Kirche St. Anna, sondern in der ehemaligen Augustinerkirche (Neuhauser Str. 53; heute Deutsches Jagdmuseum); vgl. L. Westenrieder (wie Anm. zu S. 36), S. 184ff.

Rubens: Peter Paul Rubens (1577–1640), fläm. Maler.

Basseto: Marcantonio Bassetti, ital. Maler (1586–1630).

zu U. L. F.: Domkirche zu Unserer Lieben Frau (Frauenkirche), 1230 als dreischiffige romanische Pfeilerbasilika anstelle einer kleinen Marienkirche errichtet; der Grundstein zur heutigen Frauenkirche wurde allerdings erst 1468 gelegt – 1488 waren die Türme (damals noch ohne Hauben) als letzter Teil des Kirchenbaues vollendet worden.

Mauseläum Ludovici Bavarici: Grabmonument Ludwigs des Bayern (um 1283–1347), dt. König (seit 1314), röm.-dt. Kaiser (seit 1328); »Mauseläum« veraltet für »Mausoleum«. Wekhrlin meint das auch heute noch in der Frauenkirche zu besichtigende Grabdenkmal, das Maximilian I. 1622 anstelle des ursprünglichen gotischen Hochgrabes errichten ließ.

Theatinern: Kirche St. Kajetan (Theatinerkirche); die Grundsteinlegung zur ehemaligen Hof- und Ordenskirche der Theatinermönche erfolgte 1663. Sie ist ganz im Stil des italienischen Spätbarock und nach dem Vorbild der römischen Mutterkirche der Theatiner (Sant' Andrea della Valle) erbaut worden; die Cuvilliés-Fassade wurde erst 1768 fertiggestellt.

ein Scala sancta: wörtl. heilige Treppe; vgl. dazu die Beschreibung von Friedrich Nicolai: »Uebrigens ist noch in der Theatinerkirche eine *heilige Stiege* von 28 Stuffen, unter welchen *Reliquien* liegen. Daher darf man diese Stiege nicht mit Füßen betreten, sondern man muß auf derselben unter mechanischer Abplapperung verschiedener Gebeter hinauf *kriechen.* Ich wendete von diesem niederträchtigen Denkmale des Aberglaubens meine Augen weg...« (wie Anm. zu S. 29; Bd. VI. Berlin und Stettin 1785, S. 549).

Graf Preysingische Palais: Das heutige Preysing-Palais (Residenzstraße 27), 1723/28 von Joseph Effner im Auftrag des Grafen von Preysing-Hohenaschau errichtet, gilt als das erste Münchner Rokoko-Palais (die Stuckfassade an der Residenzstraße ist noch erhalten).

das Landhaus: Wekhrlin meint hier wohl die herzoglichen Landschaftshäuser aus dem Jahr 1566, in denen die Stände tagten – diese mußten 1888 dem Neubau des Neuen Rathauses weichen. Das Landschaftshaus am Roßmarkt 15 kann nicht gemeint sein, weil die bayerischen Landstände erst 1774/75 Franz Joseph Albert den geheimen Auftrag erteilten, für sie das Grundstück des »Neuen Landschaftshauses« zu erwerben.

38 *Gräfin Mathildis:* Markgräfin Mathilde von Tuszien (1046–1115), im Investiturstreit verbündet mit Papst Gregor VII. Sie soll dem Heiligen Stuhl (um 1079) ihre Güter und Lehen geschenkt haben; diese Schenkung wurde jedoch von den späteren Kaisern angefochten.

allgemeinen deutschen Staatsversammlung: der sog. Immerwährende Reichstag von Regensburg (vgl. Anm. zu S. 40).

Unze: Gewichtsmaß (30 g).

considerable: beträchtlich, umfangreich.

In einem Städtchen weiterhin: vermutlich Straubing.

39 *Peleus:* Held der griech. Mythologie, verheiratet mit der Nereide Thetis, die ihm den Sohn Achill geboren haben soll. Peleus und Thetis sollen von den bei ihrer Hochzeit anwesenden Göttern ver-

schiedene Geschenke erhalten haben, unter anderem die Rosse Poseidons.

Hippodamia: Hippodameia, in der griech. Mythologie Tochter des Königs von Oinomaos, der die Vermählung seiner Tochter aus Liebe verhindern wollte (oder weil ihm ein Orakel angezeigt hatte, daß ihn sein Schwiegersohn töten würde). Er forderte deshalb Hippodameias Freier zu einer Wettfahrt zum Isthmos heraus, wo er sie mit seinen windschnellen Rossen, einem Geschenk seines Vaters Ares, besiegte und anschließend ermordete. Der Sage nach konnte ihn Pelops mit den Flügelpferden Poseidons bezwingen – sei es durch das unmittelbare Eingreifen der Götter oder durch Betrug.

Argivien: Argolis, nordöstl. Peloponnes; Hippodameia stammt allerdings aus Pisa (Elis), dem nordwestl. Peloponnes (vgl. Anm. oben).

Pelops: Held aus der griech. Mythologie, Sohn des Tantalos, der von seinem Vater geschlachtet und den Göttern zum Mahl vorgesetzt wurde. Tantalos, der die Götter auf die Probe stellen wollte, wurde bestraft, Pelops erhielt sein Leben zurück. In einem Wettrennen gegen Oinomaos soll Pelops seinen Kontrahenten besiegt und dafür Oinomaos' Tochter Hippodameia zur Frau erhalten haben. – Nicht Nebenbuhler haben also Pelops herausgefordert, sondern der Vater der Braut.

Mähren: hier als wertneutrales Synonym für Pferde, Stuten gebraucht, das noch bei Goethe belegt ist; die pejorative Bedeutung »elendes, abgemagertes Pferd« ist seit Ende des 17. Jahrhunderts nachweisbar (vgl. Jacob und Wilhelm Grimm, Deutsches Wörterbuch).

den wahren Genie: Erst gegen Ende des 18. Jahrhunderts konnte sich der neutrale Gebrauch von »Genie« gegenüber dem bislang vorherrschenden maskulinen durchsetzen. Wieland beispielsweise spricht überwiegend von »der Genie«. – Wekhrlin spielt hier wohl nicht auf den ästhetischen Geniebegriff des Sturm und Drang an, sondern auf eine seit dem ausgehenden 18. Jahrhundert zusehends verlorengegangene Bedeutung: das Genie einer Sprache bzw. einer Stilepoche im Sinne von geistiger Eigenart (lt. Jacob und Wilhelm Grimm, Deutsches Wörterbuch, bei Bodmer, Hamann und Herder belegt).

lapidarischen Stils: kurzer, knapper Stil, der an die in Stein gehauenen Inschriften der alten Römer erinnert (nach Schulz/Basler, Deutsches Fremdwörterbuch, taucht die Adjektivbildung auf -isch erstmals bei Rabiosus/Wekhrlin auf).

Akademie der Inschriften zu Paris: frz. Académie des inscriptions (et belles-lettres), 1663 von dem frz. Staatsmann Jean-Baptiste Colbert gegründet. Sie widmet sich historischen, archäologischen und philologischen Arbeiten.

Cibo: Geburtsname von Papst Innozenz VIII. (1432–1492), Kardinal seit 1473, Papst seit 1484. Er ließ das Belvedere im Vatikan erbauen und war bekannt für sein ausschweifendes Leben.

40 *den deutschen Reichsconvent:* Der Reichstag oder skonvent entstand als Vertretung der deutschen Reichsstände gegenüber dem Kaiser; seit 1663 hatte der Immerwährende Reichstag seinen Sitz in Regensburg, der inzwischen ein ständiger Gesandtenkongreß geworden war. Das Wort vom *schwermütigen Reichsverfassungskörper* spielt an auf die Ohnmacht dieser Institution.

Dannhirsche: veraltete Form für Damhirsche.

Schwäne des Apollo: Apoll, antiker Sonnengott, Gott der Musik und der Dichtkunst. Er wurde jedoch auch als Gott der warmen Jahreszeiten verehrt – in dieser Funktion symbolisierte der Schwan den herannahenden Frühling.

Fürst von Thurn und Taxis: Alexander Ferdinand, Fürst von Thurn und Taxis (1704–1773), kaiserl. Prinzipalkommissarius und damit Vertreter des Kaisers und Präsident des Reichstages (seit 1743); 1745 wurde er von Maria Theresia zum wirklichen geheimen Rat ernannt, 1748 bestimmte ihn Franz I. als seinen Prinzipalkommissarius; 1754 wurde er mit Sitz und Stimme in das Reichsfürstenkollegium aufgenommen. Alexander von Thurn und Taxis war bekannt wegen seiner Prachtentfaltung und seines Reichtums, wiederholt hatte er Feierlichkeiten für den gesamten Reichstag ausgerichtet und sogar Schauspieltruppen zur Unterhaltung der Gäste engagiert.

41 *Freiherr von Erthal:* Friedrich Karl Joseph Freiherr von Erthal (1719–1802), kaiserl. Kommissarius am Reichstag zu Regensburg, Kurfürst und Bischof von Mainz.

Graf Neipperg: Leopold Johann Nepomuk Graf von Neipperg (1728–1792), dt. Staatsmann, kaiserl. Gesandter in Neapel, am Reichshofrat zu Wien und am Immerwährenden Reichstag zu Regensburg.

Graf Palm: Karl Joseph Graf von Palm (1698–1770), Privatier. Nicolai erwähnt diese prächtige Privatbibliothek ebenfalls, die jedoch auch Wekhrlin bereits in einem bedauernswerten Zustand vorgefunden haben dürfte (vgl. Nicolai; wie Anm. zu S. 29, Bd. II. Berlin und Stettin 1783, S. 369). Unmittelbar nach dem Tod des Grafen Palm wurde die Bibliothek ohne besondere Aufsicht und Pflege ihrem Schicksal überlassen; Hirsching hält sie zwar noch für »eine der beträchtlichsten Privatbibliotheken«, allerdings nicht ohne Vorbehalte: »... sie würde auch noch jetzt einen Ehrenvollen Rang unter teutschen Büchersammlungen behaupten, wenn der Eifer für die Wissenschaften nicht bey dem jetzigen Besitzer erkaltet wäre. Allein seit 15 Jahren liegt sie zum Leidwesen der Kenner, ohne gehörige Fortsetzung, und seit 6 Jahren sogar ohne Aufseher, ungebraucht da. Ungerne muß ich meinen Lesern die leider! wahre Nachricht geben, daß sich diese kostbare Bibliothek jetzt in den schlechtesten Händen befindet, *in der Gewalt der Mäuse und Ratten«* (F. K. G. Hirsching, Versuch einer Beschreibung sehenswürdiger Bibliotheken Teutschlands nach alphabetischer Ordnung der Oerter, Bd. III. Erlangen 1788, S. 623).

Partikuliere: Privatiers (im 18. Jhdt. entlehnt aus frz. particulier).

St. Emmeran: ehemaliges Benediktinerkloster St. Emmeram, eines der ältesten bayerischen Klöster. Die Klosterkirche wurde bereits im frühen 8. Jahrhundert begründet. Architektonisch verbindet sie früh- und hochromanische Elemente mit frühgotischen Teilen; die Innenausstattung wurde – vornehmlich durch die Brüder Asam – barockisiert. Im Zuge der Säkularisation wird die Klosterkirche zur Pfarrkirche, die Klostergebäude gehen 1810 in den Besitz des Fürsten von Thurn und Taxis über.

die Brücke ... in lombardischem Stil: Die Regensburger Donaubrücke (»Steinerne Brücke«) wurde 1135–1146 erbaut; sie spannt sich über beide Donauarme und zählt zu den größten technischen Leistungen des Mittelalters. Bis ins 20. Jahrhundert war sie die einzige Regensburger Donaubrücke. – Der *lombardische Stil,* d. h. die romanische Baukunst der Lombardei, beeinflußte auch die Architektur nördlich der Alpen.

genieren: hier in der ursprünglichen Bedeutung belästigen.

44 *Annibal Carragio:* eigentl. Annibale Carracci (1560–1609), ital. Maler. Der Satz »Anch'io sono pittore« wird jedoch nicht Carracci, sondern dem ital. Maler Correggio (um 1494–1534) zugeschrieben, der ihn in Bologna vor dem Cäcilienbild Raffaels (1483–1520) ausgerufen haben soll.

45 *Troja fuit!* Troja war einmal! (Vergil, Aeneis III. 11 und X. 60).

Juno einen Fluch: Juno gilt als die bedeutendste Göttin des alten Roms; sie wurde unter anderem als Iuno Lucina, als Geburtsgöttin, verehrt. Wekhrlin erklärt also die hohe Säuglingssterblichkeit mit dem ironischen Hinweis auf den Fluch, den die Göttin der Geburt über diese Stadt ausgesprochen haben soll, zumal es sich bei Augsburg um eine römische Gründung handelt (Augusta Vindelicum).

Fuggers: berühmte Augsburger Weber- und Kaufmannsfamilie, de-

ren Reichtum und Wirtschaftsmacht um die Wende vom 15. zum 16. Jahrhundert ihren Höhepunkt erreichte.
Weberaufzug: aufgespanntes Garn (Fachausdruck in der Weberei).
Eintrag: Querfäden (Fachausdruck in der Weberei).
Enden: Kanten (Fachausdruck in der Weberei). Der Satz spielt auf die Bedeutung der Weberei für Augsburg an.

46 *die Stetten, die Welser, die Imhof, die Rehling:* Philipp Wilhelm Gercken führt die Magistratsmitglieder aus diesen Familien ebenfalls an: die evangelische Partei vertreten unter anderen Paul von Stetten sen. (»Geheimer und Einnehmer, auch Reichs- und Creisdeputatus«), Paul von Stetten jun. (»Oberrichter und Pfleger über S. Jacobspfründe«), Albrecht von Stetten (»Bürgermeister und Ungeldsherr«), Hieronymus Wolfgang Welser (»Oberpfleger über S. Martinsstiftung und Oberhausen«) – die übrigen hier genannten Personen gehören der katholischen Fraktion an: Leopold Alois Imhof (»Handwerksherr«), Josef Xaver Ferdinand Felix Alexander von Rehlinger (»alternirender Bauherr und Einnehmer«), Johann Baptist Adolf von Rehlinger (»Bürgermeister und alternir. Proviant- und Kriegsherr«); vgl. Ph. W. Gerken, Reisen durch Schwaben, Baiern, angränzende Schweiz, Franken, und die Rheinische Provinzen etc. in den Jahren 1779–1782 (...), I. Theil von Schwaben und Baiern. Stendal 1783, S. 222f.
prätendiert: Anspruch erhebt.

47 *Rauners:* reiche Augsburger Kaufmannsfamilie.
Da das Geld in den Händen einiger vornehmen Familien ist: Auch diese Stelle hat Nicolai korrigiert: »Eben so ungereimt sagt der verkappte *Anselmus Rabiosus .... Es ist sehr unüberlegt, so von einer Stadt zu reden, in welcher notorisch so viel Industrie, bürgerlicher Wohlstand und Genügsamkeit ist« (F. Nicolai; wie Anm. zu S. 29, Bd. VIII. Berlin und Stettin 1787, S. 16).*
Drachen der Parität: Im Westfälischen Frieden (1648) wurde – neben territorialen Neuregelungen nach dem Dreißigjährigen Krieg – die Wiederherstellung aller Rechte und Besitztümer der Protestanten garantiert, und zwar auf der Grundlage des sogenannten Normaljahres (1624). Der Friede sicherte darüber hinaus die strikte konfessionelle Gleichheit in der Verteilung der städtischen Ämter, d. h. paritätische Besetzung bei gerader Zahl der Ämter, alternierende bei ungerader Zahl (vgl. Nachwort und begleitende Anmerkungen).

48 *desto größer in der Anzahl:* Es ist historisch erwiesen, daß sich das Verhältnis zwischen den Konfessionen im Laufe der Zeit veränderte. Machten 1645 die Protestanten noch 69 % der städtischen Bevöl-

kerung aus, so repräsentierten sie am Anfang des 19. Jahrhunderts nur noch 40% der Bevölkerung (Angaben nach E. Francois; wie Anm. 81 des Nachwortes).

Die Bücherzensur ... verjagt den Tag: klassische Metaphorik der Aufklärung (Tag und Licht als Symbole der fortschreitenden Aufklärung; vgl. z. B. Friedrich Melchior Grimm, Paris zündet die Lichter an); möglicherweise auch eine Anspielung auf das Consilium abeundi, den Ausweisungsbefehl, der Wekhrlin im Jahre 1777 erteilt wurde.

49 *Abt Coyer:* Gabriel-François Coyer (1707–1782), frz. Schriftsteller, der sich durch ein tiefes Verständnis für die soziale Frage auszeichnete. Seine Aufsätze über die Natur des Volkes, über das alte Wort »Vaterland« (patria) wurden von dem Mitarbeiter der ›Encyclopédie‹, Louis Jaucourt, bei der Abfassung des Stichwortes »Volk« zum Teil wörtlich übernommen. Coyer verfaßte auch verschiedene wirtschaftspolitische Abhandlungen. Bekannt wurde er unter anderem durch ›Les Bagatelles morales‹ (1754) und ›Eloge de l'homme de lettres‹ (1763).

ein einiger: veraltete Form für ein einziger.

en taille douce: Kupferstich.

Nilson: Johann Elias Nilson (1721–1788), dt. Maler, Zeichner und Kupferstecher, seit 1769 Direktor der Augsburger Zeichnungsakademie.

Haid: Johann Jacob Haid (1704–1767), dt. Kupferstecher, Maler und Inhaber eines Kunstverlags in Augsburg, oder dessen Sohn Johann Elias Haid (1730–1809), dt. Kupferstecher und Verleger, späterer Direktor der Augsburger Zeichnungsakademie.

loci communes: Gemeinplätze.

50 *Amanten:* Liebhaber, Geliebten.

Sehet da, die heilige Komödie!: möglicherweise Anspielung auf das Jesuitendrama.

Jo Bache! ekstatischer Anruf der Bacchantinnen (vgl. Euripides, Bakchen).

51 *Schülin:* vgl. Anm. zu S. 53.

Schwarz: nur als Familie nachweisbar.

Obwexer: Josef Anton (1730–1795) und Peter Paul (1739–1817) von Obwexer, dt. Kattunfabrikanten und Bankiers mit intensiven internationalen Handelsbeziehungen (vgl. W. Zorn: Josef Anton und Peter Paul Obwexer. In: Lebensbilder aus dem Bayerischen Schwaben, Bd. V. Hrsg. v. G. Frhr. v. Pölnitz. München 1956, S. 270–280).

Lieber: nur als Familie nachweisbar (eigentl. Liebert).

Teewrackers: Teeprüfers.

Allegri: Gregorio Allegri (um 1582–1652), ital. Komponist und Kirchenmusiker. Sein berühmtes neunstimmiges ›Miserere‹ durfte bei Strafe der Exkommunikation nicht abgeschrieben werden; Mozart soll es aber gelungen sein, das Stück, nachdem er es einmal gehört hatte, aus dem Gedächtnis aufzuschreiben.

52 *fl.:* Florin oder Gulden.

die Augsburger atmeten dem Kongresse 1760, entgegen: Der Kongreß zur Beendigung des Dritten Schlesischen Krieges (seit 1756), des späteren Siebenjährigen Krieges, sollte 1760 in Augsburg stattfinden. Maria Theresia hatte die Einwilligung dazu von Paris, London und Berlin erhalten, aber infolge von Verhandlungsschwierigkeiten, die im Vorfeld zwischen Berlin und Wien auftraten, wurde er abgesagt.

und dies schenkte Europa den Frieden: boshafte Anmerkung Wekhrlins, weil das Kriegsende um zwei Jahre (bis zum Waffenstillstand) bzw. um drei Jahre (bis zum endgültigen Friedensschluß) hinausgeschoben wurde.

53 *Johann Heinrich Herr von Schülin:* Johann Heinrich von Schülin oder von Schüle (1720–1811), dt. Fabrikant, größter süddt. Industrieller und Kattunhersteller des 18. Jhdts. Schülin stammte aus einer Familie von Nagelschmieden in Künzelsau; nach Lehrjahren in Straßburg und Kaufbeuren übersiedelt er 1745 nach Augsburg. Sein wirtschaftlicher Erfolg beruht auf der Perfektionierung der Kattundruckerei und der Verfeinerung der Weberei; mit seiner Firma, die er 1759 – mit einem unbeschränkten Kredit von Johann Obwexer – in Augsburg eröffnete, gelangte er rasch zu internationalem Ansehen. 1766 gründet er infolge von Streitereien mit den Augsburger Zünften und dem Magistrat eine Fabrik in Heidenheim (er hatte verbotene Ware eingeführt und wurde deshalb zu einer beträchtlichen Geldstrafe verurteilt); 1768 nimmt er jedoch seine Augsburger Firma wieder in Betrieb und baut 1769 sogar eine zweite Niederlassung in der Stadt. Um 1785 beschäftigt er in Augsburg ca. 3500 Menschen (das sind 10% der damaligen Stadtbevölkerung), davon nur ein Zehntel in der Fabrik, den Hauptanteil machen Frauen und Kinder aus, die in Heimarbeit für ihn tätig waren. – Joseph II. hat den modernen Unternehmer (dank der Fürsprache des Barons von Fries) 1772 in den Adelsstand erhoben und ihm den Titel eines Kaiserlichen Rates erteilt, er schützte darüber hinaus die Schüleschen Modelle und Entwürfe vor illegitimer Nachahmung durch ein Fabrik-Privilegium. In Augsburg gab es aber wiederholt Konflikte mit der Weberzunft und anhaltende Unruhen: »Sie waren erste Reaktionen auf die Veränderungen im Wirtschafts- und Sozial-

gefüge der Stadt. Die riesigen Manufakturen mit ihrer großen Zahl meist eingewanderter, lohnabhängiger Arbeiter, waren ein bisher nicht gekanntes Phänomen, das die sozialen Probleme der Industrialisierung vorwegnahm« (P. Fassl; wie Anm. 80 zum Nachwort, S. 476; vgl. J. J. Whitfield in: Lebensbilder aus dem Bayerischen Schwaben, Bd. IX. Hrsg. v. W. Zorn. München 1966, S. 211–230). – Gänzlich ohne Vorbehalte äußert sich Nicolai über Schüles Unternehmertum: »Wenig Anstalten dieser Art habe ich mit so großem Vergnügen gesehen, als diese« (F. Nicolai; wie Anm. zu S. 29, Bd. VIII. Berlin und Stettin 1787, S. 26).

Indienne: bedrucktes, feines Baumwollgewebe, auch Kattundruck genannt: »*Indiennes* werden in der französischen Handelssprache die feinen ostindischen und die europäischen mit Figuren bemalten Kattune oder Zitze genannt; auch pflegt man den aus solchen Zeuchen gemachten Schlafröcken diesen Namen zu geben« (Ersch/Gruber, Allgemeine Encyclopädie).

54 *Attila:* mhd. Etzel (gest. 453), König der Hunnen seit 434.

vertrieben ihren Wohltäter aus seinem Hause: Von Schüle hat tatsächlich die Stadt Augsburg für zwei Jahre (von Oktober 1766 bis Oktober 1768) verlassen (vgl. Anm. zu S. 53). Die Menschenfreundlichkeit des Unternehmers Schüle, die Wekhrlin hier preist, widerspricht gewiß seinem faktischen Verhalten als Unternehmer (vgl. hierzu die Ausführungen von J. J. Whitfield; wie Anm. zu S. 53, S. 228).

einen Prozeß mit dem Magistrate: Von Schüle erwartete vom Wiener Reichshofrat eine Änderung der Augsburger Zunftregelung, um seinen Betrieb in der Stadt wiederzueröffnen, den er unter Verzicht auf sein Augsburger Bürgerrecht 1766 geschlossen hatte (vgl. Whitfield; wie Anm. zu S. 53, S. 220). Daß Schüles modernes und stark auf internationale Expansion bedachtes Unternehmertum mit den aus dem Mittelalter herrührenden Zunftregelungen kollidieren mußte, ist naheliegend.

magnifique: herrliche, prachtvolle.

Er besitzt Söhne: Wekhrlins Optimismus hat sich nicht bewahrheitet: den Söhnen Schüles gelang es in kurzer Zeit, den Ruin des blühenden Unternehmens herbeizuführen, den auch ein erneutes Eingreifen des Vaters nicht mehr verhindern konnte (vgl. J. J. Whitfield; wie Anm. zu S. 53, S. 225 f.).

56 *Frugalität:* Genügsamkeit, Einfachheit.

57 *Nabas:* eigentl. Nabobs: seit Ende des 18. Jahrhunderts gebräuchliche Umschreibung für englische und kontinentaleuropäische Kaufleute, die über den Handel mit Indien zu großem Vermögen gekom-

men sind, schließlich pejorativer Name für Neureiche. Der Begriff bezeichnete ursprünglich einflußreiche mohammedanische Beamte, z. B. Statthalter (vgl. Schulz/Basler, Deutsches Fremdwörterbuch. Berlin 1942).
Vezire: Minister eines islam. Herrschers.
Pacat: eigentl. Pagat, die wertvollste Karte im Tarockspiel.
Matadors: seit Anfang des 18. Jahrhunderts mit einer Doppelbedeutung belegt; Bezeichnung für den höchsten Trumpf im Kartenspiel und für einen Führer, eine herausragende Persönlichkeit.
Pater Gaßner: Johann Josef Gaßner (1727–1779), österr.-bayer. Pfarrer und Exorzist. Er stammte aus Vorarlberg und erhielt nach dem Studium bei den Innsbrucker Jesuiten 1758 die Pfarrei Klösterle. Seit 1775 wirkte er in Ellwangen, Sulzbach und Regensburg. Als Gaßner an heftigen Kopfschmerzen, Brust- und Magenkrämpfen erkrankte, gelang es ihm, sich durch religiöse Erregung und Beschwörung des Teufels im Namen Jesu zu heilen. Zahllose Kranke versprachen sich von ihm eine Besserung ihrer Leiden, zuletzt reiste man aus ganz Europa zu ihm. 1775 prüfte eine Kommission der Universität Ingolstadt die Tätigkeit Gaßners (darunter auch ein Vertreter der theologischen Fakultät), sie bestätigte die Wirksamkeit seiner Heilmethode. Nach massiven Angriffen des Theatiners Sterzinger und einem Reskript von Joseph II. und dem Vatikan mußte der Bischof von Regensburg dem Druck weichen, Pater Gaßner wurde in die entlegene Pfarrei Pondorf a. D. versetzt (vgl. über Gaßner und die kontroverse Diskussion um diesen Exorzisten die Darstellung von H. Graßl; wie Anm. 70 zum Nachwort, S. 131–171).
58 *Sie behaupteten, daß er ein Betrüger wäre:* Gaßner wurde in der Tat vor allem von dem Münchner Theologen, Theatiner und Historiker Don Ferdinand Sterzinger (1721–1786) eifrig bekämpft, und es wurde ihm sogar verboten, kurbayerisches Gebiet zu betreten (vgl. L. Hammermayer, Geschichte der Bayerischen Akademie der Wissenschaften. München 1983, Bd. II, S. 49ff.).
Es ist mir leid einen Handwerksneid entstehen zu sehen: Die Gleichsetzung Priester/Komödiant ist ein Topos des Antiklerikalismus; vgl. z. B. Goethes ›Faust‹: »WAGNER: Ich hab' es öfters rühmen hören,/Ein Komödiant könnt' einen Pfarrer lehren./FAUST: Ja, wenn der Pfarrer ein Komödiant ist;/Wie das denn wohl zu Zeiten kommen mag.« (Vs. 526–529).
Diametrallinie: hier im Sinne von »Trennlinie«.
polizierter: gebildeter, gesitteter.
59 *Blocksberg:* Nicht nur der Brocken im Harz trägt diesen Namen; im Volksmund heißt in vielen Regionen der höchste Berg Blocksberg,

auf dem sich in der Walpurgisnacht die Hexen versammeln sollen.

Consil. Tubingens.: Consilium Tubingensis, Versammlung der Professoren der Universität Tübingen, um über Universitätsangelegenheiten zu beraten.

Urban Grandier: Urbain Grandier (1590–1634), frz. Priester, der wegen angeblicher Hexerei verbrannt wurde.

60 *Der Zehent:* hier der Kirchenzehnt, eine Vermögensabgabe (ein Zehntel), die die Kirche – gegründet auf das Alte Testament – seit etwa dem 5. Jahrhundert von den Gläubigen zum Unterhalt des Klerus forderte. Rabiosus/Wekhrlin sieht in den Juden die Urheber dieser Abgabe; dieser Antijudaismus ist jedoch nicht als Antisemitismus zu verstehen, er gründet sich nicht auf rassische Argumentation, sondern auf die aufklärerische Kritik an der Theokratie im alttestamentarischen Jerusalem (vgl. J. Mondot; wie Anm. 50 zum Nachwort, und ders., Les Juifs, l'Aufklärung et les ruses de la raison, in J. Mondot (Hrsg.), Regard de/sur l'étranger au XVIIIe siècle (= Cahier du Cibel 1). Bordeaux 1985, S. 121–135).

einer von den elenden Schriftstellern zu Paris: Die Anekdote ist mehrfach überliefert worden, nicht aber der Name des Schriftstellers.

Herr von Argenson: vermutl. Marc Pierre Marquis d'Argenson (1696–1764), frz. Staatsmann, von 1720–1724 Generalleutnant der Polizei, von 1743–1757 Staatssekretär des Kriegswesens, ab 1749 Leiter der Pariser Sicherheitspolizei, Gründer der Ecole militaire in Paris (1751).

62 *Quo me, Bache, rapis tui plenum!:* Wohin führst du mich, Bacchus, der ich voll von dir bin (Horaz, Satiren III.25.1 f.).

63 *geh'ts:* Kurzform von gehets.

Herzog Ulrich: Ulrich Herzog von Württemberg (1487–1550), Herzog seit 1498; wegen seiner Verschwendungssucht und seiner Egozentrik berühmter und berüchtigter Herrscher Württembergs, der u. a. seinen Stallmeister Hans von Hutten ermordete und sich dadurch den Haß von dessen Vetter Ulrich von Hutten zuzog.

Impromptu: eigentl. kleines improvisiertes literarisches oder musikalisches Stück (vgl. z. B. Molière, L'impromptu de Versailles); hier eher im Sinne von origineller Gegenrede.

Reskripte: Erlasse.

64 *Herzogs Karl:* Karl Eugen Herzog von Württemberg (1728–1793), Herzog seit 1737 als Nachfolger seines Vaters Karl Alexander. Karl Eugens Herrschaft war bereits von seinen Zeitgenossen sehr widersprüchlich beurteilt worden. Friedrich II., an dessen Hof der Herzog erzogen worden war, meinte, er sei groß im Kleinen gewesen

und klein im Großen. Diese Ambivalenz rührt vor allem daher, daß Karl Eugen erst unter dem Einfluß seiner zweiten Gattin, der Reichsgräfin von Hohenheim, im Sinne der Aufklärer regierte, während er zuvor eher durch seine Prachtliebe (Prunkbauten) und seine despotische Rechtssprechung (Inhaftierung Schubarts) auf sich aufmerksam machte. In diesem Sinne äußerte sich auch Friedrich Schiller beim Tode Karl Eugens: »Da ruht er also, dieser rastlos tätig gewesene Mann! Er hatte große Fehler als Regent, größere als Mensch; aber die erstern wurden von seinen großen Eigenschaften weit überwogen, und das Andenken an die letztern muß mit einem Toten begraben werden« (zit. nach E. Marquardt; wie Anm. 82 zum Nachwort, S. 197).

Le Jeune: Pierre François Le Jeune (1721–1790), belg. Bildhauer, der 1753 in den Dienst des Herzogs von Württemberg trat; Le Jeune wirkte bei der Ausgestaltung der Residenz (Stuttgart) und des Schlosses Solitude (Ludwigsburg) mit.

Noverre: Jean Georges Noverre (1727–1810), frz. Ballettmeister, der von 1760–1767 am Hof von Herzog Karl Eugen in Württemberg tätig war; Noverre ging anschließend nach Wien, wo er nicht nur Ballettmeister, sondern auch Tanzmeister der kaiserlichen Familie wurde.

Jommelli: Niccolò Jommelli (1714–1774), ital. Komponist und Kapellmeister, von 1753–1769 am Hof von Karl Eugen in Stuttgart tätig.

Beyer: Wilhelm Beyer (1725–1806), dt. Maler und Bildhauer, von 1759–1767 im Dienst des Herzogs Karl Eugen. Beyer wirkte bei der Ausgestaltung der Stuttgarter Residenz mit; er war außerdem in der 1758 in Ludwigsburg gegründeten Porzellanmanufaktur für die »Poussiers« zuständig (Entwürfe und Ausführung). Unter Beyers Einfluß konnte der Klassizismus italienischer und französischer Provenienz das Rokoko zurückdrängen.

65 *Gustav II:* irrtümlich für Gustav III. (1746–1792), schwed. König seit 1771. Er schränkte durch einen militärischen Staatsstreich 1772 die Kompetenzen und die Macht des *Riksdages* ein, in dem die Parteien der ›Hüte‹ und der ›Mützen‹ in einem aussichtslosen Streit lagen. Daher die Parallele zur württembergischen Geschichte.

die landschaftlichen Unruhen: 1764 verließ Karl Eugen Stuttgart und verlegte seine Residenz nach Ludwigsburg aus Ärger über das Stuttgarter Parlament. Er kehrte erst 1775 nach Stuttgart offiziell zurück.

Die Militärakademie: 1770 gründete der regierende Herzog Karl Eugen auf seinem Lustschloß Solitude ein Militärwaisenhaus, die sog. »Karlsschule«, die 1773 in die Herzogliche Militärakademie umbenannt und 1775 nach Stuttgart verlegt wurde. Die Karlsschule wurde gegen Ende der 70er Jahre kontinuierlich verändert: zunächst wurde sie zur Akademie der Wissenschaften und der Künste erweitert, 1781 erhob Kaiser Joseph II. die nunmehr »Hohe Karlsschule« zur Universität. Friedrich Schiller war einer der berühmtesten Zöglinge der Karlsschule; sein Urteil über diese Anstalt ist allerdings nicht sehr positiv ausgefallen: »Neigung für Poesie beleidigte die Geseze des Instituts, worin ich erzogen ward, und widersprach dem Plan seines Stifters. Acht Jahre rang mein Enthusiasmus mit der militairischen Regel, aber Leidenschaft für die Dichtkunst ist feurig und stark, wie die erste Liebe. Was sie ersticken solte, fachte sie an. Verhältnissen zu entfliehen, die mir zur Folter waren, schweifte mein Herz in eine Idealenwelt aus – aber unbekant mit der wirklichen, von welcher mich eiserne Stäbe schieden – unbekant mit den Menschen, – denn die vierhunderte die mich umgaben, waren ein einziges Geschöpf, der getreue Abguß eines und eben dieses Models, von welchem die plastische Natur sich feierlich lossagte – unbekant mit den Neigungen freier, sich selbst überlassener Wesen, den hier kam nur Eine zur Reife, eine, die ich jezo nicht nennen will; jede übrige Kraft des Willens erschlafte, indem eine einzige sich konvulsivisch spannte; jede Ausgelassenheit der tausendfach spielenden Natur gieng in dem regelmäßigen Tempo der herschenden Ordnung verloren« (F. Schiller, Rheinische Thalia. In: Heinrich Christian Boie (Hrsg.), Deutsches Museum. Leipzig 1784, S. 565).

66 *Realschule:* 1747 entstand in Berlin, konzipiert von dem Pädagogen Johann Julius Hecker (1707–1768) die erste Ökonomisch-mathematische Realschule, die neben einer breiten Allgemeinbildung vor allem die Vorbereitung auf die spätere praktisch-berufliche Tätigkeit beabsichtigte. 1748 erweiterte Hecker diese Realschule um einen »Kursus zur Ausbildung von Schullehrern«, der 1753 als Kurmärkisches Landschullehrerseminar institutionalisiert und Vorbild für die österreichischen Normalschulen wurde.

Notredam: Ecole des Demoiselles, Erziehungsanstalt für Mädchen, die 1775 von Karl Eugen gegründet wurde. Friedrich Nicolai kritisiert an dieser Stelle nicht nur, daß diese Mädchenschule einen französischen Namen trägt, sondern auch daß an einem deutschen Fürstenhof die französische Sprache noch immer einen derart hohen Stellenwert habe. Weil Männern der Zugang zu diesem Institut gänzlich verwehrt war und die Zöglinge »beynahe in klösterlicher Zucht« gehalten wurden, könne er über die Konzeption dieser Schule nichts berichten, zumal diese schon vor dem Tod des Stifters aufgelöst worden war (vgl. Nicolai; wie Anm. zu S. 29, Bd. X. Berlin und Stettin 1795, S. 68).

Reich der Magister und der Schreiber: Nicolai begründet das Phänomen, daß in Württemberg die Positionen, die herkömmlicherweise mit meist akademisch gebildeten Verwaltungsbeamten besetzt werden, von seiner Meinung nach unqualifizierten Schreibern bekleidet werden, mit dem völlig »unzweckmäßigen« Schulsystem in Württemberg (vgl. Anm. zu S. 67). Er erhebt auch keine Zweifel daran, daß »ein großer Theil der nöthigsten Geschäfte durch die ungelehrten *Schreiber* (eine Art von Menschen die nur in Wirtemberg bekannt sind) zum großen Schaden des Landes muß versehen werden« (F. Nicolai; wie Anm. zu S. 29, Bd. X. Berlin und Stettin 1795, S. 71).

Limbus: hier sinngemäß Pflanzstätte.

fournieren: liefern.

Furiers: für Verpflegung, Futter und Quartier zuständige Soldaten von eher schlechtem Ruf.

67 *Für sie hat sich Aristoteles umsonst in Brunnen gestürzt:* Die Umstände von Aristoteles' Tod sind weitgehend ungeklärt; eine der überlieferten Varianten besagt, daß sich der griechische Philosoph Aristoteles (ca. 384–322 v. Chr.) in den Euripos gestürzt haben soll, weil er dessen Natur nicht ergründen konnte (vgl. Zedler, Universal-Lexicon).

Volz: Johann Christian Volz (1721–1783), dt. Schulpädagoge und Historiker, Professor für Mathematik und Dichtkunst am Stuttgarter Gymnasium, seit 1774 Schulrektor.

Le Bret: Johann Friedrich Le Bret (1732–1807), dt. Historiker und Theologe, Pädagoge und Bibliothekar, ab 1782 Kanzler der Hohen Karlsschule.

Prometheus der Nation: in der griech. Mythologie Schöpfer des Menschen; außerdem soll Prometheus den Göttern das Feuer geraubt und den Menschen übergeben haben. Dafür wurde er zu ewigen Strafen verurteilt. Im Sturm und Drang galt Prometheus als Sinnbild des schöpferischen Genius. Das Prometheus-Zitat ist hier wohl als Metapher für den »Lichtbringer«, d. h. für den Aufklärer, zu verstehen.

Tempel des Orpheus, des Apolls, der Pindars und der Horaze: Der übermäßige Einfluß der Kirche auf die Ausbildung und Erziehung der württembergischen Jugend, den Wekhrlin hier sehr bildhaft kritisiert, hat Nicolai nicht weniger empört: »... so scheint es doch, dieses Land werde nicht bloß Theologen brauchen, sondern hauptsächlich auch Rechtsgelehrte, Aerzte, Kameralisten, Oekonomen, mechanische Künstler und überhaupt Bürger, die für den Staat nützlich sind. Für die ist doch auch gar nicht gesorgt, daß sie in den Schulen dasjenige lernten, wodurch sie künftig brauchbare Männer für den Staat würden« (F. Nicolai; wie Anm. zu S. 29, Bd. X. Berlin und Stettin 1795, S. 70f.).

Klopffechterschule: Klopffechter: seit dem 16. Jahrhundert Bezeichnung für Fechtlehrer; im 17. und 18. Jahrhundert allgemein auf unfruchtbare und spitzfindige Streitereien bezogen (vgl. Jacob und Wilhelm Grimm, Deutsches Wörterbuch).

Satire der Sachsen: nicht nachweisbare Anspielung.

Bilfinger: Georg Bernhard Bilfinger (1693–1750), dt. Professor für Mathematik am Collegium illustre in Tübingen, Universalgelehrter (ehemaliger Schüler Christian Wolffs in Halle), von 1725–1731 am Zarenhof tätig, anschließend Professor für Theologie in Tübingen.

die natürliche Geschichte: Biologie.

die Hoffmänner: Gottfried Daniel Hoffmann (1719–1780), dt. Rechtsgelehrter, seit 1741 Professor für Staats- und Lehenrecht an der Universität Tübingen, seit 1751 Pfalzgraf und seit 1773 württembergischer Geheimer Rat, und dessen Sohn Johann Daniel Hoffmann (1743–1814), dt. Rechtsgelehrter, von 1767–1790 Professor für Staatsrecht und Reichsgeschichte an der Universität Tübingen, ab 1790 als Geheimer Rat an der Universität Stuttgart.

Moser der Polygraph: Johann Jakob Moser (1701–1785), dt. Jurist und Politiker, der als Staats- und Völkerrechtler an verschiedenen Universitäten (auch an der Universität Tübingen) unterrichtete und wiederholt Staatsämter innehatte. Da er sich als Landwirtschaftskonsulent in Stuttgart der Gewährung von Kriegsgeldern an Karl Eugen widersetzte, wurde er 1759 auf dem Hohentwiel gefangen gesetzt. Erst nach der Intervention Friedrichs des Großen und schließlich des Reichshofrates wurde er 1765 wieder auf freien Fuß gesetzt (vgl. dazu auch das Nachwort). – Der Beiname »der Polygraph« bezieht sich vermutlich auf die rege schriftstellerische Tätigkeit Mosers, dessen ›Deutsches Staatsrecht‹ (1737–1753) 27 Bände und 20 Nachtragsbände, das sog. ›Neue deutsche Staatsrecht‹ (1761–1772), umfaßt. Friedrich Nicolai erwähnt Moser durchaus anerkennend: »Ich sah diesen Mann, der im deutschen Staatsrechte Epoche gemacht hat, der so viel geschrieben, so viel Schicksale erlebt, so vielen Menschen nützlich geworden ist und in seinem langen und mühevollen Leben sich immer als ein ehrlicher rechtschaffener Mann gezeigt hat, mit Bewunderung an« (F. Nicolai; wie Anm. zu S. 29, Bd. X. Berlin und Stettin 1795, S. 86).

Lauterbach: Wolfgang Adam Lauterbach (1618–1678), dt. Rechtsgelehrter und Professor an der Universität Tübingen (von 1648–1678), seit 1657 Rektor des Collegium illustre; unmittelbar vor seinem Tod wurde Lauterbach nach Stuttgart berufen.

68 *Schweder:* Gabriel Schweder (1648–1735), dt. Rechtsgelehrter und Professor an der Universität Tübingen (seit 1681); Schweder erhielt 1703 aus Wien das Diplom eines Pfalzgrafen, und zwar als Anerkennung für seine Arbeit über das Recht von Kaiser und Reich im Herzogtum Mailand.

Agrippa: Agrippa von Nettesheim (1486–1535), dt. Naturphilosoph und Okkultist, Arzt und Offizier, Theologe und Astrologe. Goethes Faust trägt partiell dessen Züge.

Galene: Claudius Galenus (129–199), griech.-röm. Arzt; neben Hippokrates der bedeutendste Arzt der Antike.

Sattler: Christian Friedrich Sattler (1705–1785), dt. Rechtsgelehrter, Archivar und Historiker, Verfasser einer umfangreichen Geschichte des Herzogtums Württemberg.

Weißensee: Magdalena Sibylle Rieger, geb. Weißensee (1707–1786), dt. Lyrikerin, verfaßte vor allem religiöse Gedichte.

Gryphius: Andreas Gryphius (1616–1664), dt. Dichter, bedeutendster Lyriker und Dramatiker des deutschen Hochbarock.

Köhler: Benjamin Friedrich Köhler (1730–1796), dt. Lyriker, vor allem bekannt als Verfasser geistlicher Lieder.

Corillen: Corilla, Pseudonym für Maria Maddalena Morelli (1727–1800), ital. Dichterin.

Laura Bassi: Laura Maria Caterina Bassi (1711–1778), ital. Naturwissenschaftlerin. Laura Bassi war eine der ersten Frauen, die an der Universität Bologna zum Doktor der Medizin und der Philosophie promovierte. 1776 wurde sie zum Professor für Physik ernannt; sie korrespondierte mit den berühmtesten Gelehrten ihrer Zeit.

den Genie der Nation: hier im Sinne von nationalem Talent, nationaler Schöpfungskraft (vgl. Anm. zu S. 39).

Massakren in Irland: Anspielung auf die vergeblichen Versuche, die Reformation in Irland durchzusetzen, die im 16. und 17. Jahrhundert zu zahlreichen Aufständen und deren blutiger Niederschlagung geführt hatten.

Schwäbisch Magazin: Schwäbisches Magazin von gelehrten Sachen, 1775–1780 hrsg. von Balthasar Haug; 1781–1782 fortgesetzt durch die Schrift ›Zustand der Wissenschaften und Künste in Schwaben‹. Die unkritische und eher affirmative Haltung des Herausgebers Haug (1731–1792), eines Theologen und Professors am Stuttgarter Gymnasium, wurde im ›Schwäbischen Museum‹ scharf getadelt:

»Durch Lob und Schonung wird gewiß in den Fällen, von denen gerade die Rede ist, nichts gebessert, sonst würde *sans Comparaison* das *Schwäb. Magazin,* das Alles, was in Württemberg stand, gieng, saß, lebte, webte und starb so pausbackigt belobräucherte, Schulen, Universität längst so unverbesserlich verbessert haben ...« (Johann Michael Armbruster, Schwäbisches Museum, Bd. II. Kempten 1786, S. 43f.).

69 *eines weisen Schriftstellers:* Christoph Friedrich Nicolai (1733–1811), dt. Buchhändler, Verleger und Schriftsteller, Verfasser des satirisch-ironischen Romans ›Das Leben und die Meinungen des Herrn Magister Sebaldus Nothanker‹ (1773–1776). Die von ihm herausgegebene Zeitschrift ›Allgemeine deutsche Bibliothek‹ wurde zu einem der wichtigsten Verbreitungsorgane der Ideen der Aufklärung (vgl. über F. Nicolai: H. Möller, Aufklärung in Preußen. Berlin 1974).

Landesgravamen: »*Grauamina Nationis Germanicae,* heissen die Beschwerden, welche die Teutschen wieder den Päbstlichen Stuhl geführet, dazu sie mannigfaltige Ursachen gehabt, als, daß der Pabst dem Kayser und denen Ständen, und ins besondere denen Teutschen Dom-Capiteln und Clöstern, grossen Eintrag in ihre *Jura* thue, sie mit unbeschreiblichen Abgaben belästige, wie auch, daß er als das Haupt der Kirchen derselben *Disciplin* so wenig beobachte« (Zedler, Universal-Lexicon). Der Terminus *Gravamina nationis germanicae* wurde 1456 erstmals offiziell benützt und steht für Beschwerden von Reich, Reichskirche und Gläubigen, später dann auch von geistlichen und weltlichen Herren beim Papst und bei der Kurie.

sich ... expatriiert haben: ausgewandert sein. – Über das Phänomen der Auswanderung vgl. das entsprechende Kapitel bei Nicolai (»Einige Anmerkungen über die Auswanderungen aus Wirtemberg« und Beilage VIII.9. »Anmerkungen über die Auswanderungen aus dem Wirtenbergischen«; wie Anm. zu S. 29, Bd. X, S. 195–225 und Anhang, S. 70–82).

Locke: John Locke (1632–1704), engl. sensualistischer Philosoph, Arzt und Erzieher beim Grafen von Shaftesbury. 1679 mußte Locke in die Niederlande fliehen; erst mit Wilhelm von Oranien konnte er wieder zurückkehren.

Salniter: Salpeter, hier im Sinne von Sprengstoff.

Patriotische Phantasie: Titel der Beiträge von Justus Möser (1720–1804; dt. Politiker, Publizist und Historiker) für die Beilagen der ›Osnabrückischen Intelligenzblätter‹ (erschienen 1768–1769). Möglicherweise auch eine Anlehnung an die erfolgreichen schweizerischen staatsaufklärerischen Schriften von Isaac Iselin (1728–1782;

schweiz. Ratsschreiber und Jurist), ›Filosophische und Patriotische Träume eines Menschenfreundes‹ (Freiburg 1755), und Franz Urs von Balthasar (1689–1763; schweiz. Staatsmann und Jurist), ›Träume eines Eidgenossen‹ (Freistadt 1758).

als mich der Schlaf überfiel: vgl. Sébastien Mercier (1740–1814), dessen utopischer Roman ›Das Jahr 2440‹ (erschienen 1771) ebenfalls die Fiktion des Schlafes verwendet, um dem Leser seine Zukunftsvision vor Augen zu führen.

71 *Saturns:* röm. Gott des Landbaus. Unter seiner und Janus' Herrschaft erlebten die Menschen das goldene Zeitalter; auf dem römischen Forum war der Saturntempel zugleich der Sitz des Staatsarchivs und der Staatskasse.

Ceres: röm. Göttin der Fruchtbarkeit und des Ackerbaus; ihre Attribute sind eine Ähre, ein Ährenbündel oder eine Ährenkrone, Fackel und Stab, vereinzelt auch das Füllhorn.

Witz: hier entsprechend dem Sprachgebrauch der Aufklärung im Sinne von Vernunft, Verstand und Klugheit.

Betrachtungen, die meinem Gedächtnisse unvergeßlich sind: Thesenartig werden hier die Grundsätze der physiokratischen Wirtschaftstheorie dargestellt, die im wesentlichen auf den franz. Nationalökonomen und Naturrechtsphilosophen François Quesnay (1694–1774) zurückgehen. Den Physiokraten gilt die Landwirtschaft als der wichtigste Zweig der wirtschaftlichen Tätigkeit. Auf ihrer Effizienz beruht der Reichtum einer Nation. Außerdem plädierten die Physiokraten für eine naturrechtlich begründete Wirtschaftsordnung. Wekhrlin hat die physiokratische Lehre wiederholt in verschiedenen Zeitschriftenbeiträgen verteidigt. Vgl. Nachwort.

73 *Subsistenz:* hier im Sinne von Auskommen.

74 *währendem:* veralteter Gebrauch der Präposition *während* mit Dativ und in der selteneren Form der Zusammenschreibung (vgl. Jacob und Wilhelm Grimm, Deutsches Wörterbuch).

Reuter: veraltete Lautform von Reiter.

Ronde: veraltete Lautform von Runde.

75 *Burger:* veraltete Lautform von Bürger.

Vorwurf: hier im Sinne von Plan, Entwurf.

78 *Rechnungsfuße:* hier im Sinne von Rechnungsgrundlage bzw. Rechnungsmethode.

79 *inmittelst:* währenddessen.

80 *Handwerkskünste:* vermutlich alle von Hand zu erledigenden handwerklichen Tätigkeiten: Weben, Spinnen etc. (vgl. Jacob und Wilhelm Grimm, Deutsches Wörterbuch).

81 *Hebekunst:* Physik.
Scheidekunst: Chemie.
82 *Intelligenzcomptoir:* Anzeigenbüro, das die Liste der Verkaufs- und Kaufangebote zusammenstellte, die dann in Intelligenzblättern veröffentlicht wurden.
83 *Herr Freymut:* vermutlich Wekhrlin/Rabiosus selbst.
Verlorne Projekten für mein Vaterland: Es sind also nicht bloß Träumereien, sondern ein ernstgemeintes wirtschaftlich-politisches Programm.
86 *Gellert:* Christian Fürchtegott Gellert (1715–1769), dt. Dichter der Frühaufklärung, seit 1744 Professor für Poesie, Beredsamkeit und Moral an der Universität Leipzig.
87 *Tacitus:* Publius Cornelius Tacitus (ca. 55–nach 115), röm. Staatsmann und Historiker, im Deutschland des 18. Jahrhunderts besonders intensiv rezipiert, vor allem wegen des Germanenbildes, das er in seiner Schrift ›De origine et situ germanorum‹ überlieferte.
Proprietäten: Eigenheiten, Eigentümlichkeiten.
Mark Aurel: Marcus Aurelius Antoninus (121–180), röm. Kaiser (seit 161) und Philosoph (›Selbstbetrachtungen‹), wichtiger Vertreter der antiken Stoa.
Seine regierende Durchlaucht: Markgraf Karl Friedrich von Baden (1728–1811), Markgraf seit 1738, späterer Kurfürst (ab 1803) und Großherzog (ab 1806). Er galt den Zeitgenossen als vorbildlicher, im Sinne des aufgeklärten Absolutismus regierender Herrscher (vgl. Nachwort).
Antonine: Antoninus Pius (86–161), röm. Kaiser (seit 138), Adoptivvater von Mark Aurel. Unter Antoninus' Herrschaft erlebte das römische Imperium seine höchste Stabilität und Prosperität.
Usongs: Titelheld des gleichnamigen Staatsromanes von Albrecht von Haller (1708–1777), der zu einer Trilogie gehört, in der Haller verschiedene Staatsformen beschreibt: in ›Usong. Eine Morgenländische Geschichte‹ (1771) eine despotische Regierung, in ›Alfred, König der Angel-Sachsen‹ (1773) eine konstitutionelle Monarchie, in ›Fabius und Cato‹ (1774) eine Republik.
Diese Prinzessin: Karoline Luise Markgräfin von Baden-Durlach (1723–1783), erste Gemahlin von Markgraf Karl Friedrich von Baden, bekannt als Förderin der (französischen) Literatur und der Naturwissenschaften, Anhängerin der Physiokraten.
Lektur: veraltete Lautform von Lektüre.
Semiramiden: Semiramis, griech. Name einer legendären Königin von Assyrien, die nach dem Tode ihres Gatten Ninon allein weiterregiert haben soll. Sie gilt als mächtige, kluge und mutige Herrsche-

rin. Sie war häufig Gegenstand literarischer und musikalischer Werke (vgl. z. B. das Libretto von Metastasio, das Drama von Voltaire, das Ballett von Gluck).

Sophie Charlotte von Hannover: Sophie Charlotte von Hannover, Königin von Preußen und Kurfürstin von Brandenburg (1668–1705), Gemahlin Friedrichs I. von Preußen. Sie galt als kluge und gebildete Frau und als eine Gönnerin der Wissenschaften und Künste; zusammen mit Leibniz erreichte sie die Gründung der Berliner Akademie der Wissenschaften (1700).

88 *Vestalinnin:* Vestalinnen, die sechs Priesterinnen der altrömischen Göttin des Herdfeuers des Staates. Sie mußten mit dem König, später mit dem Pontifex maximus eine symbolische Ehe eingehen, waren auf das Gebot der Keuschheit verpflichtet und hatten das Herdfeuer zu bewachen. Verstöße wurden mit harten Strafen geahndet (lebendige Einmauerung).

Kapriz: Laune, Mutwille.

89 *Verflößung:* hier im Sinne von Veränderung, Anpassung.

der Markgrafen Louis und Christoph: vermutlich Ludwig Wilhelm I., Markgraf von Baden-Baden (1655–1707), seit 1677 Markgraf und Reichsfeldmarschall, der sich besonders in den Türkenkriegen auszeichnete (daher der Name »Türkenlouis«), seit 1693 Oberbefehlshaber der Reichsarmee. Ludwig Wilhelm residierte allerdings nicht in Karlsruhe, er war vielmehr der Erbauer und Stifter von Schloß und Stadt Rastatt. – Ein Markgraf Christoph, der in Karlsruhe derzeit seinen Sitz hatte, ist nicht nachweisbar. Die Gründung der Stadt Karlsruhe geht auf die Markgrafen Karl Wilhelm und Karl Friedrich zurück (vgl. Anm. zu S. 93).

Gelegenheitsdiatribe: Diatribe hier im Sinne von Streitschrift.

Panem et circenses: Brot und Spiele (Juvenal, Satiren, X.81).

Ninons: hier vermutlich leichte Mädchen.

Weltweisen begegnen: Anspielung auf J. J. Rousseaus ›Brief an d'Alembert‹ (1758), wo das Theater als unmoralische Institution verurteilt wird.

90 *Ärme:* veraltete Pluralform für Arme.

91 *Ein junger französischer Duc:* nicht identifizierbar.

Descartes: René Descartes (1596–1650), frz. Philosoph und Mathematiker.

Fontenelle: Bernard Le Bovier de Fontenelle (1657–1757), frz. Philosoph und Schriftsteller.

Molière: Jean-Baptiste Poquelin (1622–1673), frz. Dramatiker.

Buffon: Jean-Louis Leclerc, comte de Buffon (1707–1788), frz. Naturforscher und Schriftsteller.

Montesquieu: Charles de Secondat, Baron de La Brède et de Montesquieu (1689–1755), frz. Schriftsteller, Staatsphilosoph und Staatsmann.
Gresset: Jean-Baptiste-Louis Gresset (1709–1777), frz. Schriftsteller.
Leibniz: Gottfried Wilhelm Leibniz (1646–1716), dt. Philosoph, Mathematiker und Schriftsteller.
Haller: Albrecht von Haller (1708–1777), dt. Arzt, Naturforscher und Schriftsteller.
Lessing: Gotthold Ephraim Lessing (1729–1781), dt. Dichter, Kritiker und Philosoph.
Gmelin: Johann Georg Gmelin (1709–1755), dt. Botaniker und Forschungsreisender, Initiator der wissenschaftlichen Erforschung Sibiriens.
Grotius: Hugo Grotius, eigentl. Huigh de Groot (1583–1645), niederländ. (!) Jurist, Staatsmann und Historiker.
Gleim: Johann Wilhelm Ludwig Gleim (1719–1803), dt. Schriftsteller, Verfasser der ›Kriegs- und Siegeslieder von einem preußischen Grenadier‹ (1758).
Defi: hier im Sinne von Herausforderung.
Kopernikus: Nikolaus Kopernikus (1473–1543), poln. (!) Astronom.
Friedrich Wilhelm II.: Hier irrt Wekhrlin, denn er kann unmöglich den Nachfolger Friedrichs II. gemeint haben; er spielt hier entweder auf den Großen Kurfürsten Friedrich Wilhelm von Brandenburg oder auf Friedrich Wilhelm I. von Preußen an.
Luther: Martin Luther (1483–1546), dt. Theologe und Reformator.
92 *Hasse:* Johann Adolf Hasse (1699–1783), dt. Komponist, Tenor und Kapellmeister, der vor allem wegen seiner Opernmusik im Stil der neapolitanischen Opera seria berühmt geworden ist.
Winckelmann: Johann Joachim Winckelmann (1717–1768), dt. Archäologe und Kunsthistoriker.
Klopstock: Friedrich Gottlieb Klopstock (1724–1803), dt. Dichter.
Lord Chesterfield: Philip Dormer Stanhope Earl of Chesterfield (1694–1773), engl. Staatsmann und Schriftsteller (vgl. ders., Briefe an seinen Sohn Philip Stanhope über die anstrengende Kunst ein Gentleman zu werden. München 1984; Bibliothek des 18. Jahrhunderts).
die französischen Kriege: der Pfälzer Erbfolgekrieg. Ludwig XIV. erhob 1688 nach dem Tode des pfälzischen Kurfürsten Karl für

seine Schwägerin Elisabeth Charlotte, Herzogin von Orléans (Liselotte von der Pfalz), Erbansprüche auf die Pfalz; zwar konnte sich die Linie Pfalz-Neuburg behaupten, dennoch hatten die beiden Markgrafschaften schwer unter den Verwüstungen dieses Krieges zu leiden, der von 1688–1697 dauerte.

Apanagen: Abfindung in Gütern und Einkünften für nicht regierende Mitglieder eines Fürstenhauses.

der durlachische Hof: 1771 waren die Markgrafschaften Baden-Baden und Baden-Durlach wieder vereinigt worden, nachdem die männliche Linie der Baden-Badener Markgrafen ausgestorben war.

93 *Karlsruhe:* Markgraf Karl III. Wilhelm von Baden-Durlach (1679–1738) gründete die Stadt Karlsruhe 1715, als er den Grundstein zu seinem Jagdschloß legte. Im Laufe des 18. Jahrhunderts entstand die Stadt nach italienischem Muster planmäßig angelegt mit dem Barockschloß von Markgraf Karl Friedrich (vgl. Anm. zu S. 87) im Mittelpunkt: »Es [d. i. die Stadt] ist in Form eines Fächers angelegt, dessen Strahlen vom Schloßthurme nach Süden und Westen auslaufen und sich durch Alleen auch in nördlicher und östlicher Richtung durch den Hardtwald und den Fasanengarten erstrecken« (Ersch/Gruber, Allgemeine Encyclopädie).

Schweiglünder pinx. A. W. Küfner sc. 1788.

Nachwort

Vor etwas mehr als zweihundert Jahren wurde die ›Reise durch Oberdeutschland‹ von ›Anselmus Rabiosus‹ zum ersten Male veröffentlicht. Seitdem wurde der Text zwar nicht vergessen, aber auch nicht wieder aufgelegt – wenn man von einer Reprint-Ausgabe absieht. Woran lag das? Viele Gründe wären zu nennen, denen im einzelnen nachzugehen aber zu weit führen würde. Die bewegte Geschichte der Aufklärung in Deutschland, zumal der Spätaufklärung, der das Werk zuzuordnen ist, dürfte die Nachwirkung nicht unwesentlich beeinflußt haben. Erwartungshorizonte sind jedoch auch Wandlungen unterzogen. Vielleicht ist jetzt die Zeit gekommen, den ›Anselmus Rabiosus‹ neu zu verlegen und ihm neue Aufmerksamkeit zu verschaffen. Die vorliegende Ausgabe, die überdies von demselben Verlagshaus veröffentlicht wird, soll jedenfalls nicht bloß die gelehrte Neugierde für vergilbte Kuriositäten befriedigen – sie hat ihre Begründung in sich selbst. Keine literarische Mumie wird hier an die Öffentlichkeit gezogen, sondern ein Beispiel lebendiger politischer Prosa, von der nur der Staub der Jahrhunderte hinwegzufegen ist.

I

Es dauerte ungefähr ein halbes Jahr, ehe man hinter das Pseudonym ›Rabiosus‹ auf den wahren Namen von Wilhelm Ludwig Wekhrlin kam. Die Publizisten aus Württemberg vor allem rätselten viel herum, bevor sie mit Entrüstung und Wut gar gegen den frechen Autor losschlugen, der sich unterstanden hatte, die friedlichen Gefilde Süddeutschlands und ihrer Einwohner seinem beleidigenden Spott zu unterziehen. Wer war denn dieser undankbare Sohn dieser Provinzen? Was wußte man, was weiß man von ihm?[1]

Unbestritten ist trotz der eben erwähnten Publizisten, die es nicht wahrhaben wollten, seine schwäbische Abstammung: Als Wilhelm Ludwig Weckherlin wurde er 1739 in Botnang unweit von Stuttgart geboren. Die reduzierte Namensschreibung ist ein später Einfall seiner Wiener Jahre. Sein Vater war, wie es sich in einer klassischen schwäbischen Biographie gehört, Pfarrer. Sozialgeschichtlich gesehen stammt er also aus ›relativ‹ wohlhabenden Verhältnissen, und dies wurde nicht anders, selbst nach dem frühen Tod des Vaters. Er starb nämlich, als Ludwig sechs Jahre alt war. Die Erziehung des Kindes hat er also wohl kaum beeinflußt. Ein Onkel scheint einige Jahre dafür gesorgt zu haben. Dann hat seine Mutter, eine geborene Andler, den Amtsschreiber Johann Martin Heuglin aus Ludwigsburg 1749 in zweiter Ehe geheiratet. Das bedeutete für den Sohn und seine Geschwister keine Verschlechterung der sozialen Verhältnisse, der familiären aber in erheblichem Maße. Der junge Ludwig kam nie gut mit seinem Stiefvater aus. Aus welchen Gründen, ist nicht mehr herauszufinden. Vielleicht nur, weil er eben sein Stiefvater war. Dieses sich bis zum Haß steigernde Mißverständnis blieb auch nach der Entfernung aus dem Elternhaus der Grundtenor der Korrespondenz mit seiner Schwester Friederike.

Die Schulbildung, die Wilhelm Ludwig genoß, scheint – wenn überhaupt – nicht über das Stuttgarter Gymnasium Illustre hinausgegangen zu sein. Studiert hat er entgegen seinen späteren Behauptungen nicht. Nach dem (möglichen) Besuch des Gymnasiums ist er wohl als Schreiberlehrling in eine Schreibstube gegangen, wahrscheinlich in eine, die dem stiefväterlichen Amtsschreiber unterstand. Dies war der normale Weg, wenn man nicht studieren wollte oder konnte, um später eine untere Beamtenstelle zu bekommen. Die Lehre war aber alles andere als begeisternd, vor allem wenn man sich fürs Schreiberhandwerk nicht bestimmt fühlte und wenn man in sich andere Talente spürte als die, die zur Aufstellung von Tabellen oder zum Abschreiben von juristischen Entscheidungen erforderlich sind. Kein Wunder also, wenn Wekhrlin seine Lehrlingszeit in Ludwigsburg rückblickend als seine »Galeere am Schreibtisch«[2] bezeichnete. Zu etwas Besserem fühlte er sich geboren. Die Abschnitte, die er den Schreibern und dem Schreiberhandwerk später im ›Rabiosus‹ widmete, lesen sich wie eine leidenschaftliche Abrechnung mit dieser verpfuschten Jugendzeit, wie der unwiderstehliche Ausbruch eines langgehegten Grolls.[3] Aber auch wenn Wekhrlin eine solide akademische Bildung versagt blieb, hinderte ihn das nicht daran, sich selbst durch intensive Lektüre zeitgenössischer Autoren zu bilden, wie ein Brief an seinen Schwager, den Pfarrer Beyer, es bezeugt.[4]

Es dauerte aber geraume Zeit, ehe er den Entschluß faßte und ausführte, die Ludwigsburger Galeere zu verlassen. Was gab den entscheidenden Ausschlag? War es das Unbehagen an der Familie, das nach der Heirat der Lieblingsschwester Friederike ins Unerträgliche gewachsen war? War es die Liebe zu einer Schauspielerin, wie ein entfernter Verwandter viel später wissen wollte? Oder geschah es nur, weil der lange ausgereifte Plan in die Tat umgesetzt werden wollte? Weil ihm alles – Familie, Beruf, Vaterland – gleichgültig, ja verhaßt geworden war und ihn nichts mehr zurückhalten konnte? Im engen familiären, beruflichen, vaterländischen Kreis erstickte er geradezu. Nun wollte er in vollen Zügen atmen, die weite Welt sehen, kennenlernen. Von seiner damaligen Grundstimmung ist noch im ›Rabiosus‹ etwas zu spüren: »Unterdessen muß man mit Bedauern bemerken, daß sich viele nützliche Genies, welche unter dem württembergischen Himmel geboren sind, sobald sie ihre Bestimmung fühlen, expatriiert haben. Locke sagt, daß das Genie der Salniter der Seele sei, welcher, wenn er entzündet werde, mit Gewalt ausbreche und sich die Sphäre erweitere. Aber es gibt leider Sphären, welche an und für sich soviel niederschlagende Dünste enthalten, die den Flug eines einheimischen Genies lähmen; und in solchen Fällen verläßt man sein Vaterland mit kaltem Blut.« Die persönlichen Töne in dieser Sprache, die der Diktion des Sturm und Drang viel verdankt, sind nicht zu überhören. Bemerkenswert ist, daß der höchst persönliche Entschluß unseres Autors, sein Vaterland zu verlassen, um sein Glück in der Ferne zu suchen, dem kollektiven Drang nach Auswanderung entsprach, dem so viele seiner Zeitgenossen folgten. Die Zahl und die Häufigkeit der sogenannten »Schwabenzüge« nahmen in den sechziger und siebziger Jahren beträchtlich zu, selbst wenn sie sich im Vergleich zu den Auswanderungswellen des 19. Jahrhunderts bescheiden ausnehmen.[5]

Wie viele der damaligen Auswanderer trieb es auch Wekhrlin nach Wien. Wien war damals mit ca. 250000 Einwohnern die größte deutsche Stadt. Wien war politisch eine Hauptstadt, vor allem für den süddeutschen Raum. Dort residierte der Kaiser. Dort hatte auch der Reichshofrat seinen Sitz, der für die Beilegung der juristischen Differenzen zwischen den einzelnen Fürsten des alten Reiches oder zwischen ihnen und ihren Landschaften so wichtig war, wie der Erbvergleich von 1771 zwischen Karl Eugen und der württembergischen Landschaft es dokumentierte. Wien war eine Großstadt, zugleich die Stadt der Großen, Sammelpunkt der großen Welt. Was konnte also anziehender sein als dieser Ort für einen, der sich vor der abstumpfenden Eintönigkeit und der provinziellen Enge hatte retten wollen. Stadt bzw. Großstadt bedeutete Luxus, Reichtum, Vergnügungen, Glück. Sie zog alle Abenteurer/*Aventuriers,* alle Hasardeure der Provinzen, großen oder kleinen Kalibers, die sich aus dem großstädtischen Nebeneinander, das die Standesbarrieren etwas abbaute, glückliche Zufälle erhofften, Zufälle, die ihnen in der Provinz nie beschieden waren.[6] Casanova, wohl der Urtyp des *Aventuriers* im Europa des 18. Jahrhunderts, war übrigens auch schon in Wien gewesen. Seinen ›Memoiren‹ zufolge hat es ihm dort sehr gut gefallen – genauso wie es dort unserem schwäbischen *Aventurier* gefiel, der zehn Jahre nach seiner Ankunft in seinen ›Denkwürdigkeiten von Wien‹ noch fasziniert vom Wiener Spazierplane auf dem Wall erzählte: »Hier sah ich alles, was reizend, was geschmackvoll, was schön ist zu Wien« und weiter »Ich habe vollendete Schönheiten unter den Frauenzimmern gesehen und unter den Mannsbildern, Gestalten, auf die ein persischer Sultan neidisch sein würde. Liebesgötter in Menschengestalt flatterten zwischen Grazien. Die Pracht, die Schönheit gingen mit der Vernunft gepaart: sie schienen zum ersten Male im Verständnis zu leben.«[7] Sicherlich hatte Wekhrlin während seines zehnjährigen Aufenthaltes auch die Rückseite der allzu schönen Medaille wahrnehmen können und müssen, aber trotz aller Rückschläge, trotz der späteren Ernüchterung war die magisch-erotische Faszination der Großstadt erhalten geblieben.

Von der Faszination allein aber kann man nicht leben. Auch wenn Wekhrlin von zuhause eine gewisse Geldsumme mitgebracht hatte, mußte er bald für seinen Lebensunterhalt sorgen. Was er zu diesem Zweck unternahm, ist nicht mit restloser Sicherheit auszumachen, zumal er in seinen Wiener Briefen – soweit sie erhalten sind – darüber einen relativ dichten Schleier von halben Wahrheiten und glatten Lügen ausgebreitet hat. Wollte man ihm glauben, so wäre er als Spezialist für Bankgeschäfte in die königliche Bank eingetreten.[8] Etwas später hätte er eine Stelle in einer von Maria Theresia gegründeten Normalschule, einer Lehrerbildungsanstalt, bekommen. Er erklärt sogar in demselben Brief, wie und über welches Thema er seine erste Vorlesung halten wollte.[9] Außerdem gibt er sich für den Autor einer Zeitschrift aus, deren Titel ›Lettres Mexicaines‹ gewesen sei. Ob sie identisch mit den ›Caraibischen Briefen‹ waren, auf deren Autorschaft er sich bei seinen späteren Verlegern berief, läßt sich nicht beantworten.[10] Denn weder unter dem einen Titel noch unter dem anderen ist eine solche Zeitschrift aufgefunden worden. Der ›Natürliche Geist der Geschichte‹, den er gleichermaßen verfaßt haben will, konnte nirgendwo anders als in einem seiner Briefe ›nachgewiesen‹ werden.[11] Kurzum, der *homme-de-lettres,* als den er sich bezeichnete, benutzte das Schreiben eher, um die Wahrheit zu verdecken als um sie mitzuteilen. Das Abenteuerleben, durch welches er sich nun durchzuschlagen hatte, führte ihn eher zur Flunkerei als zum strengen Umgang mit den Fakten und den Titeln. Renommieren nannte man das auch. Davon wurde Wekhrlin in Wien unbestreitbar und für lange angesteckt.

Zwischen den Zeilen dieser Briefe läßt sich jedoch einiges lesen. Überdies verhilft ein Polizeiprotokoll zu einer exakteren Auskunft über Wekhrlins damaligen Broterwerb. Allem Anschein nach hat er nach Verbrauch des anfänglichen Kapitals das erlernte Schreiberhandwerk doch wieder ausüben müssen. Unter anderem im Dienst des Generals Faber, der Präsident eines Tribunals für Zivil- und militärische Angelegenheiten war, und dies wohl ab 1771. Dann verfiel er auf eine ganz andere Tätigkeit, die in allen europäischen Hauptstädten von den *hommes-de-lettres* seines Schlages hochgepriesen wurde. Sie erfuhr in Figaros Monolog in dem Stück von Beaumarchais einen späten Ruhm: Wekhrlin verfaßte handgeschriebene Zeitungen, die sogenannten *nouvelles à la main*, d. h. daß er große oder kleine, meistens kleine Nachrichten der Hauptstadt sammelte und sie, nachdem er sie von Hand kopiert hatte, an seine Abonnenten schickte. Zu denen zählte beispielsweise der Hof des Fürsten von Thurn und Taxis. Diese handgeschriebenen Zeitungen hatten aber einen Nachteil: Sie wurden von der staatlichen Autorität nicht sehr geschätzt, weil darin unkontrollierte, d. h. also unzensierte Nachrichten in Umlauf gebracht wurden, weil sich folglich der monarchische Machtapparat durch sie eines wenn auch geringfügigen, so doch nicht unerheblichen Teils seiner Macht beraubt sah oder beraubt zu sehen glaubte. Das hinderte diese ›Untergrundzeitungen‹ nicht daran, wie Pilze aus dem dazu fruchtbaren Boden der Großstädte zu schießen: Einerseits war das Bedürfnis der Abnehmer nach Nachrichten in einer Zeit, wo sie Mangelware blieben, recht groß, andererseits war das Geldbedürfnis der Autoren gleichermaßen unstillbar.

Aber das Risiko dieser Nachrichtenwilderer war hoch. Wegen seiner Nouvellistentätigkeit und angeblich, weil er Dokumente des Kriegsministeriums veröffentlicht hatte, begegnete Wekhrlin 1773 dasselbe Schicksal wie vielen seiner Berufskollegen: Er wurde verhaftet. Der Kerker der Regierungsprofossen Wiens ist ihm gewesen, was Vincennes oder La Bastille seinen Pariser Kollegen Mirabeau, Linguet gewesen sind. Das Abenteuer nimmt hier eine Wende, die überhaupt nichts Originelles hat. Was folgt, auch nicht. Er wird zunächst des Landes verwiesen, aber nach einer kurzen Abwesenheit kehrt er nach Wien zurück und tritt in den Dienst der französischen Botschaft. An ihrer Spitze steht zu diesem Zeitpunkt der prachtliebende Herzog von Rohan, jener Rohan, der etwas später in die Halsbandaffäre verwickelt wurde, die dem Image der französischen Monarchie so abträglich war. Daß Wekhrlin, wie auch die gleichgearteten *Aventuriers*,[12] vom diplomatischen Dienst und von dem damit verbundenen Ruhm träumte, ist unleugbar, hat er sich doch später den fingierten Titel eines französischen Legationsrats zugelegt. Sehr bald aber erfuhr seine diplomatische Laufbahn ein jähes Ende. Die Wiener Polizei wird erneut aktiv.

Aus dieser zweiten Kollision mit dem Wiener Polizeiapparat entsteht aber ein gefährliches Arrangement. Um strengeren Strafen oder gar einer zweiten Ausweisung zu entgehen, erklärt sich Wekhrlin bereit, mit der Polizei zusammenzuarbeiten. Er wird zum »Angeber«, d.h. zum Spitzel. Gegen ein gewisses Monatssalär muß er der Polizei die Personen anzeigen, die der französischen Botschaft Staatsdokumente zuspielen. Zwei Jahre lang wird seine Agententätigkeit dauern, bis die Wiener Polizei es müde wird, einen Agenten zu unterhalten, der sein monatliches Gehalt »im Wohlleben verzehrt«, wie es wörtlich in den Akten heißt. Das gefährliche Spiel ist zu Ende. Wekhrlin muß die Stadt verlassen. Damit enden seine Wiener Lehrjahre. Das Lehrgeld ist ihn nicht allzu teuer zu stehen gekommen, trotz der letzten beiden Jahre. Er kann froh sein, so glimpflich davongekommen zu sein.

Gewiß sind diese Jahre, die er mit seiner zwielichtigen Agententätigkeit verbrachte, moralisch bedenklich. Man darf aber hier nicht falsche Maßstäbe ansetzen. Der soziale Kontext dieses Lebens unter Spionen und »Angebern« darf nicht aus den Augen verloren werden. Liest man R. Darntons Studien über das Pariser Schriftsteller- und Publizistenmilieu, über die sogenannte *Bohème littéraire,* so wird klar, daß Wekhrlin gerade durch sein Sich-Einlassen mit der Polizei nicht vom Idealtypus des damaligen *Homme-de-lettres* abweicht.[13]

Zugute halten sollte man Wekhrlin jedoch, daß er nicht aus freien Stücken zum Agenten geworden ist und daß er sich darin nicht gerade ausgezeichnet hat. In den ›Chronologen‹, einer seiner Zeitschriften, hat er übrigens ein höchst merkwürdiges, in seiner Art wohl einzigartiges Bekenntnis abgelegt, das zu zitieren sich lohnt: »Ich kenne einen Mann sehr genau, der das Unglück hatte, der Polizei zu Wien eine Zeitlang zum Angeber zu dienen. Freilich war's wider seinen Willen. Durch physische Polizeimittel war er von der Regierung zu dieser fatalen Partei genötigt worden. Ich bin vollkommen überzeugt, daß er herzlich gern eine andere ergriffen hätte, die seinem Talente und seinem Herzen würdiger gewesen wäre, wenn er die Freiheit gehabt hätte; und ich war öfters bei den geheimen Seufzern zugegen, womit er seine Lage in warmen Tränen bei sich selbst beklagte. Er diente also – so wie man dient, wenn man Ekel hat. Die Polizei fand sich hierüber indigniert; sie macht einen Vortrag an den Monarchen; der Kaiser verweist ihn des Landes. Ich bin Zeuge von der aufrichtigen Rührung die er hierfür empfand. ›Joseph‹, rief er aus, ›ist mein größter Wohltäter geworden. Er zieht mich aus einer Lage, über die ich erröten mußte, und die mich zur Verzweiflung brachte. Er gibt mir die Ehre wieder, die ich verloren und überläßt mich der Freiheit meines Talents, das ich versäumt hatte.‹«[14] Diese höchst aufschlußreiche Fußnote war von seinen bisherigen Biographen übersehen worden, weil sie den Hintergrund seines Wiener Aufenthaltes ignorierten. Andere unmißverständliche Anspielungen lassen sich finden, zunächst in einem Brief, in dem eine allgemein lautende Bitte um Nachsicht im Grunde nur das in Wien Geschehene betreffen kann: »Denn, was ein Mann in der Not tut, das muß man niemals für seine Prinzipien auslegen.«[15] Später hat er geheimnisvoll-verschleiert zugegeben, er sei Joseph II. mehr schuldig, als er der Welt sagen dürfe.[16] Zuletzt fällte er über den Beruf des Spions ein Urteil, dem wohl zu entnehmen ist, daß sein moralisches Unterscheidungsvermögen intakt geblieben war: »›Welcher gesittete Mensch‹, fragte er, ›wenn er immer noch ein anderes Mittel hat, den Teufel beim Schwanz zu ziehen, wird sich dazu [zur Tätigkeit des Spions], brauchen lassen ... solang Polizei und Infamie gleichbedeutende Begriffe sind.‹«[17] Anscheinend hatte er damals kein anderes Mittel gehabt, mit dem Teufel fertig zu werden. Bevor wir ihm in seiner Suche nach ehrbareren Mitteln folgen, wollen wir diesen Wiener Jahren noch einige Augenblicke widmen.

Wichtig, bewußtseinsprägend nämlich sind auch die Reisen gewesen, die er von Wien aus unternahm. Natürlich herrscht darüber dieselbe Unklarheit wie über andere Kapitel seiner Wiener Jahre. Unstreitig ist jedoch, daß er in dieser Zeit viel gereist ist. Italien, und dort besonders Genua und Venedig, sind Reiseziele gewesen, daran ist nicht zu zweifeln, selbst wenn Zeit, Dauer und Umstände dieser Reisen weithin im Ungewissen bleiben. Die in seinen Reisebeschreibungen wie in seinen Zeitschriften häufigen und richtigen Anspielungen sowohl auf Italiens Kulturleben als auch auf seine Städte und Landschaften sprechen für eine direkte Kenntnis des Landes. Auch nach Amsterdam, London soll er gereist sein und nicht zuletzt nach Frankreich. Ob er Paris gesehen hat, kann aber nicht mit absoluter Sicherheit gesagt werden. Ist er dorthin im Auftrag der französischen Botschaft in Wien gereist? Wann hat eine solche Reise stattgefunden? Indizien in seinen Zeitschriften scheinen auf eine solche Reise hinzudeuten, aber unwiderlegbare Beweise gibt es nicht. Auf die kommt es übrigens nicht an. Hauptsache bleibt, daß er seinen Gesichtskreis nicht nur durch den Verkehr mit den Ausländern Wiens erweiterte, sondern daß er selber einige wichtige europäische Hauptstädte kennengelernt hat. Sein später immer laut verkündeter Kosmopolitismus[18] nährt sich von dieser unmittelbaren Weltkenntnis. Auch gehörten solche Reisen zu der Grundbildung der Abenteurer seines Schlages – die wirklichen wie die erdichteten. Darin weicht er wiederum nicht vom Idealtypus ab.[19]

Für die philosophisch-religiöse Entwicklung Wekhrlins waren die Wiener Jahre möglicherweise bestimmend. Hier muß auf widersprüchliche Aussagen in diesem Zusammenhang hingewiesen werden. Wir dürfen dabei nicht vergessen, daß er aus einer protestantischen Familie stammte und daß in Wien die katholische Religion die offizielle war.

Irgendwann schöpfte die Familie, vor allem sein Schwager, der Pfarrer Beyer, Verdacht und verlangte von Wekhrlin ein feierliches Bekenntnis zur protestantischen Kirche, was er anscheinend mit kaum verhaltener Entrüstung tat. Man lese: »Priester Gottes, treten Sie her und empfangen Sie eine Wahrheit, auf die ich Ihnen mein sterbendes Herz verpfände: ich bin lutherisch.«[20] Kann man überzeugender sein? Läßt sich an solchen feierlichen Erklärungen zweifeln? Man dürfte es eigentlich nicht. Und doch erfährt man aus dem Polizeiprotokoll des Jahres 1773, daß der sich indigniert gegen kränkende Verdächtigungen wehrende Wekhrlin 1770 konvertiert sei. Zugegeben, Polizeiprotokolle erheben keinen Anspruch auf historische Wahrheit. Wekhrlin hat vielleicht absichtlich die Polizei hinters Licht geführt, in der Erwartung, er werde als Konvertit besser behandelt. Aber selbst diese möglicherweise taktische Zwecklüge zeigt, daß Wekhrlin es mit der Religion nicht mehr so genau nahm. Er war durchaus bereit, trotz der vorherigen feierlichen Beteuerungen, »seinen Gott (...) zu verändern«, wenn es nötig war. Und natürlich liegt der Gedanke nahe, er sei schon vorher der Versuchung erlegen, aus seiner Konversion ein ›Entréebillet‹ in die Wiener Gesellschaft zu machen. Die Ermittlung der exakten Wahrheit ist letzten Endes von relativ geringem Interesse, da Wekhrlin später ohnehin zum religiösen Skeptizismus tendierte. Relevant bleibt hier nur, daß sein religiöser Indifferentismus mit seinen Wiener Jahren beginnt. Ohne Zweifel zeichnet sich darin der großstädtische Einfluß ab. In diesem Jahrmarkt der Eitelkeiten, diesem Dschungel der Ambitionen, zu dem sich die Städte entwickeln und von dem Diderots ›Neveu de Rameau‹ ein so anschauliches Bild abgibt, werden Prinzipien und Religionen eher als lästiger Ballast empfunden, den abzuwerfen man sich nicht mehr scheut, wenn es darum geht, den ersehnten Aufstieg zu beschleunigen.

Es war also möglicherweise keine leere Floskel, wenn Wekhrlin Joseph II. für seine Ausweisung dankte. Dieser hatte ihm offenbar tatsächlich geholfen, sich von der abschüssigen Bahn zu entfernen, auf die er geraten war. Es wäre aber falsch, seinen Wiener Aufenthalt nur unter einem moralischen Gesichtspunkt zu betrachten. Alles in allem ist er Wekhrlin, nachdem und weil er die gefährlichsten Klippen umschifft hatte, höchst gedeihlich gewesen. Jedenfalls hat ihn diese Zeit zutiefst geprägt. Der heimkehrende Wekhrlin hat aus Wien Erfahrungen mitgebracht, die im schlechten wie im guten nirgendwo anders in Deutschland hätten gesammelt werden können. Die ihm fehlende Bildung hat er dort mit einigem Risiko, aber in größerem Rahmen vervollständigen können. Wien ist ihm die *Alma mater* gewesen, die er in Württemberg nicht besucht hat. Nun wissen wir spätestens seit Norbert Elias' Untersuchungen, welchen Einfluß die deutsche Universität auf ihre Absolventen ausgeübt und wie sie zur Soziogenese der »deutschen Kultur« beigetragen hat, die sich im bewußten Kontrast zur französisch-angelsächsischen Hofzivilisation entwickelte. Wekhrlin, der sich dem Einfluß der deutschen Universität entzog, erbringt bloß mit umgekehrtem Vorzeichen die Probe aufs Exempel und bestätigt die Stichhaltigkeit der Eliasschen Thesen.[21] Ein Großteil seiner eigenartigen sozial-ideologischen Entwicklung geht auf diese Ausbildung durch großstädtische Erfahrung zurück, die sich von der provinziell-akademischen Bildung vieler seiner deutschen Zeitgenossen so deutlich unterschied.

Der verlorene Sohn Schwabens kehrt also heim. Er hält sich zunächst kurz in Regensburg auf, dann in Augsburg. Sein Aussehen verrät, daß er in Wien nicht reich geworden ist. So beschreibt ihn ein ihm kaum wohlwollender Zeitgenosse: »Er ging in einem weißen abgeschabten Friesrock, welcher im Rauch gehangen zu haben schien, mit weiswollenen Strümpfen und heruntergeschlagenem Hut, herum. Jedermann soll sich vor ihm gescheut haben.«[22] Daß er ohne Vermögen zurückgekommen ist, geht aus der Tatsache hervor, daß er sich sofort um Anstellung bei Verlegern bewirbt. Zunächst ist die Rede von dem Verleger Maschenbaur aus Augsburg, dann aber schließt er einen Vertrag mit dem Verleger Carl Gottlob Beck, der sich seit 1763 in Nördlingen niedergelassen hatte.[23]

Was bietet er ihm zur Vermarktung an? Das Wissen, das er sich in und über Wien angeeignet hat, in der Form einer lockeren Reisebeschreibung. Sie erscheint im Jahr 1777 unter dem Titel: ›Denkwürdigkeiten von Wien‹. Über die erste Begegnung zwischen Autor und Verleger weiß man eigentlich nichts. Was hat Beck dazu bewogen, ein Werk zu drucken, das von seiner bisherigen Produktion abwich, die sich bis dahin eher auf pädagogische Literatur spezialisiert hatte? Es ist schwer zu sagen. Ist Wekhrlin besonders überzeugend gewesen, oder hat Beck die leichte Prosa des Werkchens auf Anhieb gefallen? Aus welchen Gründen auch immer, seine Entscheidung zeugt von verlegerischer Kühnheit und Dynamik. Nicht jeder seiner Kollegen wäre wahrscheinlich bereit gewesen, auf den noch gänzlich unbekannten Autor zu setzen.

Gewiß ist, daß beide, der Autor wie der Verleger, in diesem Falle ein- und dasselbe Ziel verfolgen: vom Publikum geschätzt zu werden. Wekhrlin schrieb nicht für die Nachwelt, sondern für (zahlungsfähige) Zeitgenossen. Er schrieb, weil er nicht hungern wollte. So einfach war der Schreibimpuls. Nicht aus Muße schrieb er, sondern weil er mußte, freilich auch, weil er es konnte. Sein erstes Werk beglückte offenbar Autor und Verleger: Noch im selben Jahr 1777 erschien die zweite

Auflage. Eine unerwartete und wenig erfreuliche Wirkung allerdings hatte dies auch: Der Augsburger Rat, dem weder Wekhrlins Persönlichkeit noch dessen Ideen gefielen, ließ ihn aus der Stadt verweisen. Wekhrlin zog zu seinem Verleger nach Nördlingen. Er kam nicht mit leeren Händen. Zur melancholischen »Acedia«, einer Hingabe an eine melancholische Lethargie, wie sie H. J. Schings so schön beschrieben hat,[24] ist er nicht bemittelt genug. Er gibt seinem Verleger den Text des ›Rabiosus‹, der Ende 1777 erscheint und sofort Aufsehen erregt. Mit ihm wird Wekhrlin schlagartig im süddeutschen Raum berühmt. Die im ›Rabiosus‹ arg mißhandelte Stadt Augsburg fühlte sich nun erst herausgefordert und beleidigt. Sie ersuchte die Reichsstadt Nördlingen, die restliche Auflage zu konfiszieren, aber der energische Einspruch des Verlegers Beck, unterstützt vom Ratskonsulenten Dolp, brachte den »hochedlen, hochmögenden« Nördlinger Magistrat zum Einlenken. Gegen das Versprechen der Verschwiegenheit wurden die restlichen Exemplare dem Verleger zurückgegeben. Der Autor allein hätte das sicherlich auf dem Rechtsweg nicht erwirkt. Der Verleger aber war eine Wirtschaftsmacht in der Reichsstadt. Dieser Macht gebührte Respekt. Dem hochnäsigen Augsburger Magistrat zuliebe wollten die Nördlinger Ratsherren es mit dem erfolgreichen und angesehenen Verleger nicht verderben, der übrigens im Falle einer unwiderruflichen und widerrechtlichen Beschlagnahme auf Schadloshaltung klagen wollte, wie er es respektvoll, aber entschlossen dem Magistrat mitgeteilt hatte.[25]

Verleger und Autor bleiben aber nicht bei dem errungenen Erfolg. Sie setzen unternehmungsfreudig ihre Zusammenarbeit fort. Eine neue Zeitung wird herausgegeben, deren Redaktion Wekhrlin übernimmt. Sie heißt: ›Das Felleisen‹. Der Titel soll wahrscheinlich an den jungen Ruhm des Reisebericht-Autors erinnern. Wekhrlin bekommt jetzt erneut Ärger mit reichsstädtischen Autoritäten: Aus einem nichtswürdigen Anlaß wird er aus der Stadt Nördlingen ausgewiesen. Vielleicht hat der Nördlinger Bürgermeister, Christian von Tröltsch, dessen Bruder im Augsburger Rat saß, die Gelegenheit ergriffen, dem Autor des ›Rabiosus‹ seine Frechheiten heimzuzahlen. Wekhrlin wird ihm nie vergeben. Vorerst läßt er sich im kleinen angrenzenden Dorf Baldingen nieder, das zum Fürstentum Oettingen gehört.

Hat dieser Zwischenfall die Herausgabe der Zeitung erschwert? Oder hat der Verleger nun zwangsläufig mehr Gewicht in den redaktionellen Entscheidungen gehabt? Das läßt sich schwer rekonstruieren. Ein Zwischenfall, gravierender für die Fortsetzung des Zeitungsunternehmens, ereignet sich im Juli 1778. Beck weigert sich, eine – seiner Meinung nach – politisch anrüchige Anekdote abzudrucken. Welche, wissen wir nicht. Wekhrlin fühlt sich in seinen Redakteurbefugnissen und -rechten ungebührlich, ja sogar vertragswidrig beeinträchtigt. Ein kurzer, aber heftiger Streit, der dann nur auf juristischem Wege beigelegt wird, setzt dem gemeinsamen Unternehmen ein Ende, ein unschönes Ende. Von beiden Seiten war auf Argumente zurückgegriffen worden, die ihren Urhebern wenig Ehre machten. Wekhrlin hat bösartig unterstellt, C. G. Beck mache unlautere Geschäfte, und Beck hat Wekhrlin »einen landkundig gefährlichen Menschen« genannt. Dabei liegt dem Streit[26] eine Prinzipienfrage zugrunde, die bessere Argumente verdient hätte, und zwar die: Wer soll in einem Zeitungsunternehmen das letzte, das Machtwort haben, der Verleger oder der Redakteur? Sollen und können sich, wie Wekhrlin laut Beck es verlangte, »Censor und Drucker blindlings« dem Willen des Redakteurs unterwerfen? Oder wozu Beck wahrscheinlich eher geneigt hätte, sollte es umgekehrt sein? Der Streit geht bekanntlich auch jetzt noch weiter. An dieser uns heute noch vertrauten Konfliktsituation ist das Unternehmen letzten Endes gescheitert. Ab Juli übernahm ein Nördlinger Lehrer die Redaktion des ›Felleisens‹, das dann Ende des Jahres 1778 einging.

Wekhrlin, der sich seit dem Erscheinen des ›Rabiosus‹ vor allem in Süddeutschland einer nicht zu unterschätzenden Popularität erfreute, scheint einen neuen Verleger mühelos gefunden zu haben. Es sind die Verleger Felsecker aus Nürnberg. 1779 erscheint bei ihnen der erste Band der ›Chronologen‹. Zwölf Bände werden insgesamt unter diesem Titel bis Ende 1783 veröffentlicht, mit anscheinend gutem Erfolg. In einer Antwort an den Glarner Magistrat im Zusammenhang mit der Affäre Göldin bezeichnen sich die Felsecker ausdrücklich als die »Verleger der bisher herausgekommenen allgemein beliebt gewordenen Chronologen«.[27] An der Beliebtheit der Zeitschrift und vor allem des Publizisten darf nicht gezweifelt werden. Sie überlebte sogar das Ende der ›Chronologen‹. Die Felsecker blieben bis 1791 Wekhrlins Verleger.

Am Anfang seiner dritten Zeitschrift (›Hyperboreische Briefe‹) notiert Wekhrlin stolz, er habe sich vom Erfolg der Vorgänger überzeugt, »nicht in gelehrten Blättlein, sondern im Buche seines Verlegers, welches ihm das legale Protokoll seines [des Publikums] Urteils zu sein däuchte«.[28] Damit will er natürlich seinen Gleichmut gegenüber den Kritiken oder Vorwürfen der Rezensenten offenbaren. Er verweist dabei aber auch auf den grundsätzlichen Konsens zwischen sich und seinem breiten Publikum. Wekhrlin, der nicht subventionierte Autor, war allein von der Gunst des Publikums getragen. Auf sie war er angewiesen. Andere Einnahmequellen hatte er nicht. Darin unterschied er sich wesentlich von den meisten seiner Kollegen, die häufig neben ihrer Journalistentätigkeit einen anderen Beruf hatten, als Professoren,

Staatsbeamte, Diplomaten usw. Man kann daher verstehen, daß sich Wekhrlin einzigartig fühlte unter ihnen, ja wie ein Wundertier, und so nimmt es denn nicht wunder, daß er seiner zweiten Zeitschrift den närrisch-provokanten Titel ›Das Graue Ungeheuer‹ gab. Selbstverständlich gründete sich das Gefühl der Originalität auch auf den Inhalt seiner Zeitschrift. Selbstbewußt sagte er im Vorwort zum ›Grauen Ungeheuer‹: »(...) es gehört nicht viel Verstand dazu, von der herrschenden Meinung zu sein; aber es verrät ein großes Maß, von einer Meinung zu sein, wozu sich die Welt nach dreißig Jahren bekennen wird«.[29]

Woher rührt diese gedankliche Originalität? Zunächst einmal von seiner Außenseitersituation. Es ist sicherlich leichter, außerhalb der gängigen Kategorien zu denken, wenn man selber im sozialen Abseits lebt. Zum zweiten: Er hat die französischen Aufklärer eifrig gelesen und somit einen gewissen gedanklichen Vorsprung gegenüber vielen seiner deutschen Zeitgenossen gehabt. Vor allem aber war es der antikonformistische Ton, der die Schriften dieses Journalisten auszeichnete und ihnen einen relativ dauerhaften Erfolg einbrachte. Nach dem ›Grauen Ungeheuer‹ kamen die ›Hyperboreischen Briefe‹ und danach die ›Paragrafen‹. Letztere dürften aber weniger erfolgreich gewesen sein; nur zwei Bände wurden veröffentlicht, und die Buchhändler Felsecker kündigten ihren Vertrag mit Wekhrlin. Ob nur verlegerische Motive im Spiele waren, bleibe dahingestellt. Dies war aber nicht Wekhrlins letzter Versuch als Publizist. Ehe wir uns jedoch mit dem letzten Kapitel seines beruflichen Lebens beschäftigen, kommen wir auf sein Leben während dieser achtziger Jahre zurück.

Zunächst scheint er die Annehmlichkeiten der wiedergewonnenen Ruhe zu genießen. Er zitiert Verse aus Wielands ›Musarion‹, um sein Glück zu preisen: »Durch überstandene Not geschickter/zum weisen Gebrauch, zum reizenden Genuß/des Glücks, das sich mit ihm so unverhofft versöhnt/gleich fern von Dürftigkeit und stolzem Überfluß/Glückselig, weil er's ist, nicht weil die Welt es wähnt/bringt Phanias in neidenswerter Ruh/ein unbeneidet Leben zu«.[30] In den knappen Versen seines schwäbischen Landsmannes spiegelt sich ziemlich genau Wekhrlins damaliges Existenzgefühl zu Beginn der 80er Jahre wider. Es bedarf keines großen Deutungstalents, um zu verstehen, daß er mit »überstandener Not« auf die letzten Wiener Jahre hinweist. Der vierte zitierte Vers (»gleich fern ...«) verdient vielleicht einen ergänzenden Kommentar. Man wüßte gerne, ob Wekhrlin von seinem Publizistenberuf allein hat gut leben können oder nicht. Folgt man dem Nekrologen Schlichtegroll, so hätte Wekhrlin in seiner Publizistentätigkeit eine gute Lebensbasis gehabt. Nur sein leichtsinniger Lebensstil hätte es ihm nicht ermöglicht, davon zu profitieren.[31] Liest man aber seine

Korrespondenz mit seiner Schwester Friederike Beyer, so scheint er, wenn nicht andauernd, so doch häufig vor Geldproblemen gestanden zu haben. Wahrscheinlich liegt die Wahrheit zwischen den Extremen. So viel, wie Schlichtegroll behauptet, hat er bestimmt nicht verdient; so arm, wie er es absichtlich übertreibend in den Briefen an die Schwester und den Schwager darstellt, ist er wohl auch nicht gewesen. – Die genaue Kenntnis von Wekhrlins Leben bleibt aber ein Problem, das sich wegen der allzu spärlichen Dokumente nicht vollends überzeugend lösen läßt, wie wir noch sehen werden.

Während der achtziger Jahre wächst aber auch seine Popularität aufgrund seiner eindeutigen Stellungnahmen und seines entschlossenen Engagements zugunsten zweier Justizopfer: des Züricher Pfarrers Waser und der armen Anna Göldin, einer angeblichen Hexe aus Glarus.[32] Im ersten Fall hat Wekhrlin die Empörung der deutschen Öffentlichkeit nur geteilt. Im zweiten Fall hat er die Aufmerksamkeit auf den Skandal gelenkt, und sein Protest hat starken Widerhall gefunden. Er hat überdies den Glarner Rat ins Lächerliche gezogen, indem er einerseits auf seine arrogante Vorladung selbstverständlich nicht einging und andererseits das vom Rat ausgefertigte Fahndungsdokument im ›Grauen Ungeheuer‹ publizierte und verhöhnte.[33] Er blieb aber nicht beim Spott und formulierte bei dieser Gelegenheit eine beinahe klassische Definition der sozial-politischen Rolle des Schriftstellers. Der sei, so erklärte er, »geborener Advokat der Menschheit«.[34] Mit Voltaire, den er hoch verehrte, fühlte er sich verpflichtet, die Barbarei der zeitgenössischen Justiz zu bekämpfen. »Man darf auch wohl die Fackel der Publizität zu Hilfe nehmen, um den Kriminalblutdurst wie Tiger in Afrika zu scheuchen.«[35]

Während dieser Jahre aber trug Wekhrlin nicht nur Kämpfe für die Menschlichkeit aus. Er versuchte zu wiederholten Malen, den Nördlinger Magistrat in persönlich hoch anzüglichen Pasquillen und Pamphleten zu diskreditieren. So schrieb er 1778 ›Das Leben und die Narrheiten des Don Pantalone Rodriguez Papefiguera, Doktors und ehrwürdigen Bürgermeisters zu Mancha‹, das man aber bisher nicht aufgefunden hat, und im darauffolgenden Jahr eine recht derb-satirische Posse, ›Das Bürgermeisteramt des Harlekin‹. Auch in seinen Zeitschriften, den ›Chronologen‹ wie dem ›Grauen Ungeheuer‹, widmete er gelegentlich den Bürgermeistern im allgemeinen und der Reichsstadt Nördlingen insbesondere recht unliebsame Bemerkungen.[36] Im Jahre 1786 findet seine immer noch nicht erkaltete Wut – wie er späterhin dem Schauspieler Großmann in einem Brief anvertraute: »Wer kann der Lust widerstehen, sich über Abdera lustig zu machen?«[37] – eine neue Möglichkeit, sich an der verhaßten Person des Bürgermeisters auszulassen.

Ein Strophenlied erscheint unter dem barocken Titel: ›Die affenteuerliche Historia des lächerlichen Pritschmeisters und Erzgauklers Pips von Hasenfuß‹. Es enthält Anzügliches über die Person des Bürgermeisters. Es wird sogleich Wekhrlin zugeschrieben, obgleich nicht feststeht, ob er diesen langatmigen Text teilweise oder ganz verfaßt hat. Diesmal schreitet jedenfalls der beleidigte Bürgermeister ein. Er verlangt die Auslieferung Wekhrlins. Der Fürst Kraft Ernst von Oettingen-Wallerstein geht auf dieses Verlangen nicht ein, läßt aber Wekhrlin festnehmen und aufs Hochhaus, das Verwaltungsgebäude des Fürstentums, bringen. Dort wird er verhört und ohne rechtlichen Entscheid vier Jahre lang bleiben. Die am Anfang harten Haftbedingungen werden sich mit der Zeit etwas lockern. Man erlaubt ihm, an seinen Zeitschriften weiterzuarbeiten. Aber die dritte Zeitschrift, die ›Hyperboreischen Briefe‹, hat nicht mehr den erhofften Erfolg. Liegt es daran, daß sich Wekhrlin weniger daran beteiligen kann und daß sein Hauptmitarbeiter Karl von Knoblauch[38] aus Dillenburg, der schon viele Beiträge für die letzten Bände des ›Grauen Ungeheuers‹ geschrieben hat, das Journalistengeschäft weniger gut beherrscht als er? Das ist schwer zu sagen. In einem an den Fürsten gerichteten ›Promemoria‹ meint Wekhrlin: »Allein, eine neue Katastrophe betäubt mich. Umsonst habe ich ein neues Journal unternommen. Es erhält sich nicht. Nicht bloß Correspondenten, sondern auch Subscribenten verlassen mich, weil mir und meinem Archiv der Kredit der Freiheit fehlt.«[39] In der Tat muß die Herausgabe dieser neuen Zeitschrift nach dem 6. Band eingestellt werden. Es folgen dann die ›Paragrafen‹, die noch schneller abgebrochen werden, nach dem zweiten Band. Da sein Verleger den Vertrag gekündigt hat, muß sich Wekhrlin nach einem anderen umsehen. Seinem Freund Großmann schreibt er damals verzweifelt: »Wo werde ich nun für meine verwaisten Kinder einen neuen Vater finden? Bin im Reiche der Verleger und der Buchhändler so fremd!«[40] Und doch gäbe es für einen politischen Publizisten in diesen neunziger Jahren soviel zu schreiben! Eine letzte Möglichkeit wird sich dann im nahegelegenen Ansbach finden, das nach dynastischen Abmachungen an Preußen gefallen ist und wo ein preußischer Staatsmann erste Beweise seines Könnens geben wird: Hardenberg. Wekhrlin erfährt von dem Wirt und Senator J. H. Hiller, der zugleich eine Buchhandlung besitzt, eine finanzielle Unterstützung für seinen Zeitungsvorschlag. Nach einer Reise, die ihn vielleicht nach Frankreich und gar nach Paris führt – aber diese letzte Reise ist wie die früheren vom Nebel der Ungewißheit umhüllt –, angeblich um Zeitungskorrespondenten anzuwerben, kehrt er nach Ansbach zurück. Er soll dort ein Privilegium von Hardenberg bekommen haben. Die ›Ansbachischen Blätter‹ erscheinen vom 1. August 1792 an zwei- bis dreimal wöchentlich. Ein seltsam anmutender Satyrkopf ziert die erste Seite. Die Zeitung wird nur drei Monate erscheinen. Aber welch ein Vierteljahr für die europäische Geschichte und gar, mit Goethe zu reden, für die Weltgeschichte! Am 10. August der Sturm der Sansculotten auf die Tuileries, Radikalisierung der Revolution, dann Septembermorde in Paris, danach erste Sitzung der Convention, am 20. September Valmy und Anfang Oktober Einmarsch der französischen Revolutionstruppen in Deutschland. Ob sich diese Zeiten für eine ausgewogene Berichterstattung eignen, steht auf einem anderen Blatt. Wekhrlin, der sich der spezifischen Gefahren einer so bewegten Periode durchaus bewußt war, hat sich, um folgenschweren Mißverständnissen zuvorzukommen, in der ersten Nummer als »Allerwelt Freund« vorgestellt. Aber Objektivität in dieser Zeit der leidenschaftlichen ideologischen Auseinandersetzung war eben nicht gefragt. Ende des Monats Oktober mußte das Unternehmen abgebrochen werden. Trocken und etwas rätselhaft kündigte er in einem Extra-Blatt die Einstellung an: »Durch eine Wendung meiner Verhältnisse und Gegenstände bewogen, bin ich veranlaßt die Fortsetzung dieser Blätter abzubrechen.«[41] Was hat ihn dazu veranlaßt? Das ist anhand der verfügbaren Berichte und Dokumente nicht restlos zu klären. Im Zuge der im ganzen süddeutschen Raum sich ausbreitenden Nervosität, ja Angstpsychose, die auf den Einmarsch der Franzosen und ihre Einnahme von Mainz folgte, lief in Ansbach das haltlose Gerücht um, Wekhrlin sei ein Jakobiner und habe die Stadt an die Franzosen verraten. Es fand sogar ein Volksauflauf unter seinen Fenstern statt. Einige frühe Biographen wollen wissen, er sei dabei mißhandelt worden. Um die Unruhen zu steuern, hätte man ihn dann unter Hausarrest gestellt und seine Papiere beschlagnahmt. Daraufhin sei die Zeitungsveröffentlichung eingestellt worden, und – der Satz ist in vielen Biographien anzutreffen – Wekhrlin sei aus Gram und Wut über diese Ereignisse gestorben. Die Einstellung der Zeitung dürfte aber nicht die unmittelbare Konsequenz des mehr oder weniger spontanen Auflaufs gewesen sein, vielmehr wird sie auf die Anweisung einer höheren Stelle zurückgehen. Der trotz aller Umsicht und Vorsicht freimütig gebliebene Ton sowie die Persönlichkeit des Herausgebers paßten doch nicht in die politische Landschaft der Stadt. Und Ritter von Lang hatte wohl recht, als er einige Jahre später schrieb: Ansbach sei »ein übel berechneter Ort«[42] gewesen, um eine solche Zeitung herauszugeben.

Dort endete – das steht wenigstens fest – Wekhrlins Publizisten- und Menschenleben. Ob er den Besuch eines Priesters in den letzten Tagen abgewiesen hat mit den Worten, man möge ihm zumindest während seiner Krankheit ersparen, was er als gesunder Mensch nicht habe ertragen können,[43] kann nicht mehr belegt werden. Vielleicht ist das schon Teil seiner Legende. Sicher ist, daß er einmal im ›Grauen Ungeheuer‹[44] gefordert hatte, man solle die Kranken ohne Arzt und Priester sterben lassen. Darin wäre man ihm also schließlich doch entgegengekommen.

So sieht in einem gerafften Bericht Wekhrlins irdische Laufbahn aus. Auffallend wenig ist letzten Endes, was man unmittelbar von ihm oder über ihn weiß. Schwer läßt sich daher ein lückenloses oder halbwegs kohärentes Charakterbild von ihm entwerfen. Ein gutes physisches Porträt ist uns dafür erhalten geblieben. Es wurde 1788 von Schweigländer gemalt.[45] Aber was oder wer verbirgt sich dahinter? Was kann man, ohne ins Psychologisieren auf lavatersche Art zu geraten, von dieser Physiognomie ablesen?

Abgebildet haben wir da ein volles breites, noch jung wirkendes Gesicht, an dem die etwas abenteuerlichen Lebensumstände scheinbar spurlos vorübergegangen sind. Die Nase ist stark, die Lippen sind geschwungen. Aber Wollust atmet dieses Gesicht nicht gerade, zumal zwei dunkle, große, fast goethesche Augen ihm einen eher ernsthaften Ausdruck verleihen. Zudem schwebt kein voltairesches Lächeln um seinen Mund. Die Frisur ist modisch perückenlos. Den Haarschnitt der »lichten Köpfe«[46] hat er sie einmal in einem anderen Zusammenhang genannt. Der geöffnete Kragen ohne Halsbinde verstärkt den Eindruck von geistiger Aufgeschlossenheit und Freimütigkeit, der von dem Bild ausgeht. Das ganze Porträt wirkt männlich-entschlossen, hat nichts mit dem steckbrieflichen Fahndungsbild der Glarner Ratsherren zu tun.

Außer diesem Bildnis besitzen wir einige wenige schriftliche Dokumente über ihn und seinen Lebenswandel. Es handelt sich vornehmlich um den Bericht des Ritters von Lang, der Wekhrlin persönlich und unmittelbar kennengelernt hat. In den ironisch-witzigen ›Memoiren‹, die er ein halbes Jahrhundert nach Wekhrlins Tod schrieb, stellt er unseren Publizisten als einen leichtfertigen Wüstling hin.[47] Eine Reihe von Äußerungen in Wekhrlins Schriften scheint dies zu bestätigen und den Autor als überzeugten Libertin auszuweisen. Man denke etwa an Sätze wie: »Die Götter schufen die Wollust nur für die Weisen; Narren saufen die Hefe.«[48] Oder auch: »Wenn das Vergnügen der Liebe, jenes himmlische und unauslöschliche Feuer in meinen Adern erwacht: dann fühle ich das Dasein der Gottheit.«[49] Außerdem scheint ein aufgefundenes Billet Wekhrlins von einem munteren Temperament zu zeugen.[50] Er wäre also ein Wüstling gewesen, bei dem Libertinage des Geistes mit der der Sinne einhergegangen wäre. Zwar sind uns Liebschaften, Mätressen von diesem Libertin nicht bekannt. Aber vielleicht hat er nur der niederen Minne geopfert? Dafür spräche, was er zur Verteidigung der Wiener ›Grisetten‹ vorgebracht hat, darauf deutete auch sein Interesse für den wohl utopischen Plan eines Bevölkerungshauses, sprich Staatsbordells, den er Restif de la Bretonne entlehnt hat.[51] Wie er dieser niederen Minne in der biederen Umgebung des Rieses frönte, ist allerdings nicht ganz klar. Man darf wohl doch nicht alles für bare Münze nehmen, was in diesem Zusammenhang in seinen Zeitschriften stand. Zu bedenken ist, daß gestern wie heute der frivol-pikante Ton beim Publikum stets gut ankam. Man sprach zwar beileibe nicht so offen, aber dieselben Handelserfahrungen besaß man schon. Daß nüchternes Verkäuferkalkül dabei am Werk gewesen sein könnte, ist daher nicht von der Hand zu weisen. Was wiederum nicht heißen soll, daß man die vollständige Desavouierung seiner Zeitschriften ernst nehmen muß, wie sie in einem Brief an seine Schwester zu finden ist.[52] Er wollte ja finanzielle Hilfe von ihr und ihrem Mann. Und seine Zeitschriften eigneten sich wohl kaum dazu, fromme Zuwendungen zu bekommen. Somit hätten wir, um Wekhrlin zu charakterisieren, nur die Wahl zwischen einem Libertin und einem Zyniker – oder war er vielleicht ein zynischer Libertin? Aber dieses Bild entspräche nicht dem, was wir sonst über ihn wissen.

Man kann Beispiele für seine leicht verwundbare Sensibilität anführen; man denke etwa an seine wahrhaft rousseausche Beichte über seine Agententätigkeit oder an seine beleidigte Reaktion auf seine Ausweisung aus Augsburg und Nördlingen. Ein nur kühl rechnender Geist hätte da sicherlich früher aufgegeben. Sein Einsatz für die Hexe von Glarus ist auch nicht mit reinem Zynismus zusammenzureimen. Die in seinen Schriften sich äußernde Liebe zu den Tieren, für welche er wohl als erster Schutzgesetze forderte, läßt ebenfalls auf eine ausgeprägte Sensibilität schließen. Möglicherweise ist ihm eben wegen seiner im Grund empfindlichen Natur die aufgezwungene Einsamkeit der letzten Jahre auf dem Hochhaus nicht allzu schwer gefallen.

Schließlich ist es müßig, nach totaler Kohärenz zu suchen. Welches Wesen hat nicht Widersprüche in sich? Sie überschatten keineswegs seine anderen geistig-politischen Verdienste, beispielsweise auf dem Gebiet der freien Meinungsäußerung. Deshalb gilt auch für ihn in abgewandelter Form das auf Lessing gemünzte Goethe-Wort (wobei freilich Lessing Wekhrlin ohne Zweifel an geistiger Schärfe und moralischer Integrität weit übertraf): Ein Mensch wie er tut immer und überall not.

II.

Wovon handelt der ›Rabiosus‹? Kaum von dem gewöhnlichen Stoff der Reisebeschreibungen. Das Pittoreske wird, wenn nicht außer acht gelassen, so doch stark vernachlässigt. Man findet es im Anfangskapitel, wenn von der Gegend zwischen Linz und Wien gesprochen wird. Einmal wird von Pferderennen in Straubing berichtet, sogar mit der Bemühung um die Darstellung von Einzelheiten (*Die Pferdehufen* ...), und zuletzt schildert er unweit von Lindau ländliche Spiele (Säcketragen), die dann aber gleich Anlaß zu einer bitteren politisch-sozialen Bemerkung sind. In München gibt Rabiosus eine Liste von Sehenswürdigkeiten, die aber kaum über die Aufzählung hinausgeht.[53] Augsburg wird ebenso wenig systematisch beschrieben wie Regensburg oder Karlsruhe. Der Autor begnügt sich mit generellen Eindrücken, ohne die landschaftlichen oder architektonischen Einzelheiten zu kommentieren. Sein Interesse liegt eben woanders: in der politischen Analyse, der sittlichen, sprich sozialen Beobachtung der durchreisten Gegenden. Er inauguriert also einen neuen Typus des Reisens: die politische Reise. Der Autor reist hier nicht um des ästhetischen Erlebens willen, er reist, um die verschiedenen Länder politisch be- und eventuell gar verurteilen zu können. Man hat den Eindruck, daß er an seinem kritischen Auge die verschiedenen politischen Zustände vorbeiziehen läßt, um über sie ein Urteil zu fällen.

Natürlich setzt jede Beurteilung, zumal eine politisch motivierte, ein Wertsystem oder zumindest einige zusammenhängende politische Wertmaßstäbe voraus, an denen sich die beobachtete Wirklichkeit messen und bewerten läßt. Dieses politische System ist unschwer zu rekonstruieren: anhand seiner vorbehaltlos positiven Einschätzung der österreichischen Politik, seines utopischen Fragments sowie der übrigen Kommentare.

Immer wieder spricht er – mit Montesquieu – darüber, welche wichtige Rolle das Klima für die Menschen eines Landes spielt; eine weise, vernünftige Regierung hat dies zu berücksichtigen und dementsprechend zu handeln. Die Hauptquelle der Prosperität eines Staates liegt Rabiosus' Meinung nach in der Landwirtschaft. Alle Regierungsmaßnahmen müssen infolgedessen darauf hinzielen, die Landwirtschaft zu unterstützen, zu fördern. Deshalb begrüßt Rabiosus die aktive Agrarpolitik Österreichs, die damals als vorbildlich galt. Die Landwirtschaft ist der Ausgangspunkt jeglicher wirtschaftlichen Tätigkeit, die auch die Entwicklung des Handels bedingt. Deshalb zollt er den Bauern so hohen Respekt; sie machen die »verehrungswürdigste und beste Hälfte« der Bevölkerung aus. In seiner utopischen Träumerei beschreibt

Wekhrlin-Rabiosus einen Staat, wo die Landwirtschaft die ganze Aufmerksamkeit der Regierenden beansprucht. In dem dieser edlen Tätigkeit gewidmeten Marmorpalast werden die Kunstwerkzeuge und Erfindungen ausgestellt, welche der menschliche Witz bei allen Nationen zur Beförderung des Ackerbaues und der Ökonomie einführte. Dieser Palast ist auch der Sitz einer Landwirtschaftsakademie, und der Schutzgeist, der ihn durch die erhabenen Gemächer führt, zeigt ihm schließlich die zehn für die Landwirtschaft wichtigsten Gebote, die in ein heiliges Buch eingetragen sind. Das erste läßt an Klarheit nicht zu wünschen übrig: Es proklamiert den Ackerbau als »die Grundstütze« und als »das Leben des Staates«.

Es ist natürlich leicht, in diesen zehn Geboten den vereinfachten, gedrängten Ausdruck der physiokratischen Doktrin zu erkennen, die vier Jahre nach dem Tode ihres Urhebers Quesnay trotz harter und heftiger Polemik noch zahlreiche und eifrige Anhänger hatte.[54] Rabiosus-Wekhrlin hat aus dem landwirtschaftlichen Arsenal der Physiokraten tatsächlich die meisten seiner Ideen geholt, wie z. B.: Entwicklung der Ackerbaugesellschaft, Abschaffung der Frondienste, des Zehents, Einführung einer neuen Steuer, Steuer vom reinen Ertrag oder Grundsteuer genannt. Bezeichnend ist auch die Forderung nach Befreiung des Warenverkehrs. Zölle waren den Physiokraten ein Greuel, und Rabiosus prangert mit heftigen Ausdrücken den wirtschaftlich und sozial schädlichen Charakter der Zölle an: »Die Erfindung der Maut ist die Epoche der Schleichhändler, der Übeltäter, der Galeeren, der Zuchthäuser und der Strickreuter.«[55] Ein physiokratisches Anliegen war auch die Entwicklung und die Unterhaltung von guten Verkehrssystemen, wie Straßen, Kanälen usw. In seinem utopischen Land beschreibt er schöne und wohlangelegte Landstraßen. Sie sind auf beiden Seiten mit Bäumen bepflanzt, die Früchte tragen. Zu Beginn beglückwünscht er denn auch die österreichische Regierung für ihre schönen Straßen, die es seiner Ansicht nach wohl verdienten, Kaiserstraßen genannt zu werden.

Wekhrlin scheint aber die Einseitigkeit einiger Physiokraten nicht geteilt zu haben, die sich ganz auf den Ausbau der Landwirtschaft beschränkten. Er interessiert sich auch für den Handel und die Industrie. Seine Satire der Augsburger verschont beispielsweise den Unternehmer von Schüle, der gegen den Widerstand der Weber eine Baumwollfabrik gegründet und vergrößert hat. In seinem utopischen Staat gibt es auch Manufakturen. Sie wurden dort – allerdings in einem gewissen Widerspruch zu seinen liberal-physiokratischen Grundsätzen – auf Initiative des Herrschers gegründet. Sie haben einen wirtschaftlichen und sozialen Nutzen. Indem sie Arbeitsplätze schaffen, reduzieren sie die Zahl der Bettler, modern gesprochen, der Arbeitslosen. Denn, wie sich der Schutzgeist brutal-rationalistisch ausdrückt, dieses »Ungeziefer (...) wächst in der Pflanzschule des Müßiggangs und des Lasters auf, und ist der gewisseste Verräter eines übelbeschaffenen Staats.«[56]

Rabiosus-Wekhrlin sorgt sich außerdem um die Erziehung und die Schule, aber von dieser Schule erwartet er nur einen praktischen Unterricht, eine berufsorientierte Pädagogik. Er geht sogar so weit, daß in der Schule seiner Utopie nur einer Minderheit der Schüler das Lesen und Schreiben beigebracht wird. Diese Kunst, so lautet die Begründung, sei nur wenigen auf dem Lande nötig. Diese kurzsichtige Pädagogik wurde dann auch von einem seiner Rezensenten zu Recht scharf gerügt.[57] Aber, wie immer die Pädagogik praktisch aussehen mochte, tiefste Überzeugung Wekhrlins blieb, daß ein dialektisches Verhältnis zwischen dem Elend und der Unwissenheit bestehe. Das eine erzeuge das andere und umgekehrt. Er hat einen Kreislauf der Unterdrückung entdeckt. Nur konsequente Erziehung, ein ausgebautes Schulwesen können dem erfolgreich entgegenwirken.

Diese Schulen müssen jedoch auch von dem Einfluß der Kirche befreit werden, insbesondere von dem der Jesuiten. Von der Aufhebung des Jesuitenordens und der Jesuitenkollegien an datiert er metaphorisch den Tagesanbruch der Vernunft und der wahren Erziehung in Österreich. Dieser Antijesuitismus und generell gesagt Antiklerikalismus drückt sich in anderen Zusammenhängen aus: Er hält es z. B. der bayerischen Regierung zugute, daß sie die »Hydra der Pfafferei« zu Boden getreten habe. Die kirchliche Institution und deren gesellschaftliche Rolle werden als nur schädlich hingestellt, und entsprechend wird ihre Unterwerfung unter die Staatskontrolle gefordert. Dadurch markiert Wekhrlin ideologisch eindeutig seine Reise, sein Programm und seinen Diskurs.[58] In seiner Staatsutopie jedoch enthält er sich jeder antireligiösen Äußerung; er zieht nur gegen den Aberglauben zu Felde und unterscheidet zwischen einem guten und einem schlechten Gebrauch der Religion: Sie sei »bei starken Gemütern eine Tugend, in schwachen Seelen aber eine Krankheit«.[59]

Rabiosus gibt zu verstehen, daß das Glück der Menschen kein fernes Ziel sei. Man wisse, wie es zu erreichen sei. Nur der Wille dazu fehle. Aber dieser gute, gesunde Wille existiere schon bei den Herrschern. Und unter der Bedingung, daß er es wolle, sei ihm nichts unmöglich. Rabiosus, wie viele seiner Zeitgenossen, glaubt an die Unbeschränktheit der monarchischen Macht, der fürstlichen Gewalt. Nichts könne ihr im Wege stehen. Erst zehn Jahre später wird ihn das relative Scheitern der josephinischen Reformpolitik eines anderen belehren und seine Begeisterung stark dämpfen. Ernüchtert-bitter stellt er dann fest: »Das Gute geht schwer. Hatten Sie nicht das Beispiel Josephs, des gepurperten Menschenfreundes vor Augen. Sahen Sie nicht den Undank, die Hindernisse, die Opfer, so ihn seine Verbesserungen kosten, offenbar.«[60] Als er den Rabiosus schrieb, waren ihm die Schuppen noch nicht von den Augen gefallen; er teilte die Illusionen und Hoffnungen der Anhänger des aufgeklärten Absolutismus. Er traute anscheinend eher den Fürsten und Königen, den Einzelherrschern also, als den Magistraten der Reichsstädte oder den Parlamenten wie dem von Württemberg, das unter Führung J. J. Mosers dem Herzog Karl Eugen so hartnäckig widerstand.

Selbstverständlich ist die Macht des Herrschers nur gerechtfertigt, wenn er das Glück seiner Untertanen bewirkt oder zumindest sucht. Daß Monarchie für ihn nicht mit Despotismus gleichzusetzen sei, läßt sich an der Definition aufzeigen, die er von der österreichischen Monarchie gibt: »Eine Gewalt, die auf Überzeugung und Liebe gegründet ist – nicht auf Macht und Furcht.«[61] Ob es sich hier eher um eine Wunschvorstellung als um die sachliche Wiedergabe der politischen Wirklichkeit handelt, bleibe vorerst dahingestellt. Interessant ist, jenseits des historischen Wahrheitsgehalts, der Anspruch, der an die Politik gestellt wird. Man kann nicht mehr nur durch *Auctoritas* regieren, man muß auch an die Vernünftigen appellieren. Die Macht des Einzelherrschers kann nur richtig angewendet werden, wenn er sich vorher die nötigen Informationen bei den Fachleuten, den Philosophen, geholt hat. Die Richtigkeit der Gedankenführung garantiert dann die Gerechtigkeit des Handelns. Die Vernunft bürgt für eine gute Herrschaft. Es kann also nicht die Rede sein vom aufgeklärten Despotismus, sondern nur von aufgeklärter Herrschaft. Aufgeklärter Despotismus wäre auch ein Widerspruch in sich, insofern die Voraussetzung einer aufgeklärten Regierungsform in der von allen Vernünftigen gebilligten Anwendung der Vernunft besteht. Die Vernunft kann aber nicht das Instrument einer Willkürherrschaft sein, auch nicht einer schrankenlosen Selbstherrschaft (Autokratie). Durch das notwendige Mitspracherecht, das Mitreden der Vernünftigen wird die Willkür des Herrschers gleichsam ausgehöhlt. Es gibt keine *Ratio Status,* die sich von der Vernunft aller, von der allgemeinen Vernunft unterschiede, in diesem Staat der Vernunft, den Rabiosus in seiner Utopie skizziert.[62] In diesem Staat werden die Wissenschaften systematisch gepflegt. Denn eines Tages werden sie zur Alleinherrscherin werden. Rabiosus prägt diese denkwürdige Sentenz, in welcher sich zugleich Hoffnung und Illusionen seiner Generation widerspiegeln: »Bei welchem Volk Wissenschaft herrscht, bei dem ist auch Rat und Mut.«[63] Es ist im Grunde die positive Umkehrung der schon erwähnten Erkenntnis, Ignoranz fördere nur Unterdrückung und Elend.

Wekhrlins Absicht war es aber nicht, eine abstrakte politische Abhandlung zu schreiben, selbst wenn er logischerweise das Bedürfnis empfand, eine Synthese aller Reformmaßnahmen aufzustellen, um seinem Kommentar, seiner Kritik eine Zukunftsperspektive zu geben. Vor und nach der Beschreibung Utopiens beschäftigt er sich mit ganz konkreten Städten und Ländern. Darauf soll jetzt eingegangen werden.

Begonnen hat er mit Österreich. Die Reise geht von Osten nach Westen, innerhalb Österreichs allerdings von Westen nach Osten. Am Anfang wie am Ende der Reise, die anderen Länder gleichsam umrahmend, werden zwei Länder mit vorbildlicher Politik vorgeführt: Österreich und Baden. Von der österreichischen Politik zieht er eine sehr schmeichelhafte Bilanz, indem er das Reformerische unterstreicht. Nur einzelne Punkte werden beanstandet, z. B. der *codex austriacus* oder auch *codex theresianus,* dem eine gewisse Rückständigkeit vorgeworfen wird, oder die Langsamkeit, die, so scheint es, das deutsche Nationalgenie kennzeichnet, die aber im Verwaltungsbereich auf die fehlende Arbeitsmoral der Beamten zurückzuführen ist. Als wichtigeres Defizit Österreichs aber, das Rabiosus neben vielen anderen auch erwähnt, ist das Fehlen einer Literatur zu nennen, die der französischen oder wenigstens der deutschen ebenbürtig wäre.[64] Nun war Literatur in der Vorstellung der Aufklärer kein künstlerisches Beiwerk, keine überflüssige Stukkatur. Sie hätte eine grundsätzliche Rolle in der Herausbildung eines Nationalbewußtseins zu spielen gehabt. Die Sorge um eine nationale Literatur hatte also nichts Frivoles oder Nebensächliches. Sind doch manche Reformen Josephs II. an den sich schließlich zuspitzenden föderalen Spannungen zugrundegegangen. Deshalb kann übrigens der Geschichtsschreiber dem positiven Urteil des Rabiosus nicht uneingeschränkt beipflichten. Die vielen überstürzten Reformen Josephs II. konnten sich nicht zur vollen Wirksamkeit entfalten. Seiner »Zwangsaufklärung«[65] widersetzten sich mit Erfolg manche Fraktionen seines Königreichs und der damaligen Gesellschaft.

Die Markgrafschaft Baden erfährt wie Österreich eine sehr wohlwollende Behandlung. Wahr ist, daß sie in den Augen der meisten Zeitgenossen als ein mustergültig regiertes Land erschien. Markgraf Karl Friedrich (1728–1811) war ein resoluter Anhänger der physiokratischen Doktrin, die er nicht nur durch einen eifrigen Briefwechsel mit französischen Physiokraten diskutierte, sondern auch in die Tat umzusetzen versuchte. Deshalb verleiht ihm Rabiosus den Titel eines Philosophenkönigs, indem er die berühmte Formel auf ihn anwendet: *»Glücklich ist das Land, wo die Weltweisen Könige sind, oder die Köni-*

ge die Weltweisheit treiben.«[66] In Baden herrschte also ein Regent nach seinem Herzen, ein aufgeklärter. Daher die unentwegt positive Berichterstattung. Das Herrscherpaar wird überschwenglich gelobt;[67] den Karlsruhern wird gar »atheniensische Urbanität« zugesprochen. Aber auch hier entbehrt die Darstellung des Landes jedes deskriptiven Charakters. Das Politische bleibt vorrangig. Die Wirtschaftspolitik wird, wie zu erwarten, gebilligt. Unerwartet dagegen ist, kulturell, zum einen die Verurteilung des Theaters. Wekhrlin, dessen literarischer Geschmack ihn eher in die Nähe Voltaires brachte, den er in seinen Zeitschriften stets mit Lob überhäufte, scheint hier die rousseausche Theaterauffassung zu übernehmen, wie er sie im Brief an d'Alembert formuliert. Überraschend ist ferner Wekhrlins Verteidigung der deutschen Kultur. Er ist nämlich später in seinen Zeitschriften immer als beredter Anwalt der französischen Literatur und Philosophie aufgetreten. Er hat sie sogar gegen Angriffe zeitgenössischer Stürmer vehement verteidigt.[68]

Rabiosus' ›Reise‹ war aber nicht eine Aneinanderreihung von Komplimenten und Huldigungen gegenüber Herrschern und Ländern. Es gab Bitteres und Boshafteres, Schärferes in dieser Reportage.

Dem begegnet man zuerst in dem Kapitel, das Bayern gewidmet ist. Vom bayerischen Menschen scheint Rabiosus-Wekhrlin zunächst nicht viel zu halten. Er wird als »falsch, grausam, abergläubisch, und verwegen« eingestuft.[69] Der Schlüsselbegriff in dieser unliebsamen Charakterisierung ist wohl das Wort »abergläubisch«. Aus der Sicht der Aufklärer galt nämlich Bayern als die Hochburg der Frömmler, des Klerikalismus, was freilich den zeitgenössischen Zuständen nur zum Teil Rechnung trug.[70] Erwiesen hingegen scheint die hohe Zahl der die Straßen wie Maulbeerbäume säumenden Galgen und Räder. Ein Bayernreisender notierte noch im Jahre 1781, daß in einem Jahre 300 Todesurteile gefällt und vollstreckt worden waren.[71] Und die Burghausener sittlich-ökonomische Gesellschaft dachte über Mittel und Wege nach, die hohe Kriminalität einzudämmen.[72] Scharf ist auch die Anklage gegen das Erziehungswesen, das zu lange in den Händen der Jesuiten und der Kirche lag. Die ironischen Züge häufen sich: An der Spitze der Nationalignoranz stünden die Beamten und Geistlichen. Rabiosus-Wekhrlin durchhechelt die bayerischen Institutionen: Universität (zu Ingolstadt), Akademie (München), die sittlich-ökonomische Gesellschaft (Burghausen), das Theater. Daß Minister und Barone für die Bühne arbeiten, macht sie nicht besser, stellt er mit trockener Ironie fest.[73] Auch die Schauspielkunst gibt Anlaß zu einer echt grotesk-komischen Schilderung. Der Kurfürst bleibt aber verschont: Weder seine Persönlichkeit noch seine Politik werden angegriffen. Rabiosus erkennt ihm sogar Verdienste zu, sowohl persönliche als auch politische. Von seiner Regierung sagt er, daß ihr das Land unermeßliche Vorteile zu verdanken habe. Selbst wenn er zwischendurch von den Klagen des Volks über die »Ministerwirtschaft« berichtet. Worüber sich Rabiosus aber mehrmals ausläßt, ist das spezifische bayerische Erbfolgeproblem. Seiner Meinung nach machte die unsichere Nachfolge des kinderlosen Max III. Joseph alle Bemühungen um politische Verbesserungen zunichte. Schon vor dessen Hinscheiden herrschte in München Interregnumsstimmung. Eine Revolution – allerdings eine nur dynastische – schien bevorzustehen. Und von dem Ausgang dieser Revolution hing natürlich die politische Zukunft Bayerns ab, vor allem die Haltung der Einwohner zur Politik.

Hat nun Rabiosus die bayerische Wirklichkeit richtig erfaßt und verstanden? Vielleicht nur zum Teil. Genauso wie er Österreich durch eine zu rosige Brille gesehen hatte, so sieht er nun Bayern übertrieben schwarz, in jeder Hinsicht, auch in der ideologischen Bedeutung der Farbe. Zwar war der Einfluß der Kirche noch groß, aber spätestens seit den 60er Jahren war die Aufklärung in den bayerischen Gegenden durchaus präsent. Unter dem Einfluß von Ickstatt wurde die Universität Ingolstadt reformiert. Die Gründung der Akademie der Wissenschaften in München sowie die Entstehung der sittlich-ökonomischen Gesellschaft zu Burghausen zeugten von dem geistigen Erwachen Bayerns. Rabiosus irrte, wenn er meinte, die Akademie publiziere nur lateinisch. Sie legte hingegen Wert darauf, die deutsche Sprache zu fördern. Die sittlich-ökonomische Gesellschaft verbrachte ihre Zeit auch nicht mit leeren Komplimenten. Manche ihrer Arbeiten zeigen vielmehr, daß sich ihre Mitglieder durchaus der Probleme bewußt waren, die sich dem damaligen Bayern stellten. An Fortschrittlichkeit standen sie Wekhrlin des öfteren nicht nach. Auch ihnen war beispielsweise die hohe Kriminalität Bayerns aufgefallen oder zumindest die Brutalität der Strafrechtspflege. Ihre Gesellschaft sowie die Münchener Akademie legten einen konkreten Beweis des institutionellen Durchbruchs der Aufklärung dar. Außerdem brauchte die Akademie, wie L. Hammermayer bemerkt, »die Kritik der gelehrten Welt nicht zu scheuen«.[74] Die Münchener Akademie, die Burghausener Gesellschaft, das Münchener Theater, die Ingolstädter Universität – sie trugen alle zur Herausbildung einer erweiterten Öffentlichkeit bei, in der die Zeitprobleme eifrig diskutiert wurden. Wie Lorenz Westenrieder, der große bayerische Aufklärer, Jahre später mit Blick auf solche kritischen Reisenden wie Rabiosus irritiert bemerkte: »Ich kann nicht umhin, zu erstaunen, daß man im Auslande noch immer zu glauben scheint, als habe man in Bayern seine Unvollkommenheiten, wo welche sein mögen, von jeher nicht wahrgenommen, und als bedürfe man fremder Hilfe, um daran erinnert zu werden.«[75] Er fügte sogar hinzu: »Man kann wahrlich in keinem andern Lande seine Mängel nachdrücklicher gefühlt und mehr darüber gesprochen, geschrieben und zum Teil auch nach den vorhandenen Umständen und Kräften mehr unternommen haben als gerade in Bayern.« Natürlich waren die Dinge 1776/77 im Schwanken. Das war sicherlich, wie Wekhrlin es gespürt hatte, dessen ›Rabiosus‹ noch vor dem Tode des Kurfürsten erschien, eine Zeit des Umbruchs,[76] und vielleicht hat er als ungeduldiger Aufklärer auf die Schattenseiten hingewiesen, um den reformerischen Kräften in Bayern selbst zu helfen. Vielleicht hat er aber auch – des Verdachts kann man sich nicht ganz erwehren – die bayerische Wirklichkeit absichtlich angeschwärzt, um einen eventuellen Anschluß an das josephinische Österreich im voraus zu rechtfertigen. Die Anspielungen auf diese mögliche Annektierung trifft man gleich am Anfang des Bayern-Kapitels und auch noch in der Mitte, wo sich Rabiosus gar zu der hintersinnigen Prophezeiung hinreißen läßt, das bayerische Volk werde seine Ruhe auf das Joch eines Fremden setzen. Sicherlich dachte er hier weder an Kurpfalz noch an Karl Theodor, sondern an Joseph II.

Die darauffolgende Beschreibung beschränkt sich auf die Stadt Augsburg. Obgleich sie auch eine ernst zu nehmende politisch-soziale Dimension hat, muß sie vor dem Hintergrund der persönlichen Fehde Wekhrlins mit Augsburg gelesen werden. Augsburg hat von allen beschriebenen Orten und Städten am meisten herzuhalten. Von Anfang an wird der Verfall der Stadt als eine unwiderrufliche Tatsache hingestellt. Augsburg ist zu einer sittenlosen (die Bastarde vermehren sich) und kunstlosen (die Künstler sind geflohen) Stadt geworden. An allen sozialen Schichten der damaligen reichsstädtischen Gesellschaft findet Rabiosus etwas auszusetzen: Die Patrizier sind ruiniert, von der Bürgerschaft belacht. Aber auch die Kaufleute werden kritisiert. Rabiosus wirft ihnen einen angeberischen Ton vor sowie einen der Stadt und dem Volk schadenden Hang zur Spekulation. Der Pöbel wird gleichfalls nicht von dieser sozialen Musterung ausgenommen. Mit hellem Sinn für die wirtschaftlich-sozialen Unterschiede bemerkt Rabiosus, daß der Pöbel sein Leben in Verwünschungen der Obrigkeit zubringe, im allerschimpflichsten Müßiggang und der verzweiflungsvollsten Armut. Die idyllische Vorstellung einer harmonierenden Gemeinschaft innerhalb dieser Stadtrepublik wird somit schadenfroh, aber nicht unbegründet zerstört. Die wirtschaftlich-sozialen Unterschiede lassen nämlich an dem illusionären Charakter einer solchen Vorstellung nicht lange zweifeln. Die unerbittliche Darstellung Rabiosus' führt zur Ernüchterung. Beim Spott über die einzelnen Klassen bleibt er aber nicht.

Insbesondere eine historische Institution wird hart kritisiert und ins Lächerliche gezogen: die Parität. Seiner Meinung nach ist Toleranz in diesem System nur vorgetäuscht. Der herrschende Zustand des kalten Religionskrieges habe die Lähmung des Verbesserungswillens zur Folge. Der ganzen Gesellschaft nützliche Vorschläge seien aufgeschoben worden oder sogar unausgeführt geblieben. Der »Drachen der Parität« begünstige außerdem die üblen Nachreden, die Verleumdungen, die kleinkarierte Polemik. Abgesehen vom Baumwollunternehmer von Schüle, dem er hohes Lob spendet, läßt Rabiosus kein gutes Haar an der selbstbewußten Reichsstadt. Dabei schreckt er nicht vor grobkörnigeren Argumenten zurück, wenn er etwa den Augsburgerinnen kollektive Häßlichkeit vorhält oder wenn er in Augsburg mehr uneheliche Kinder (Bastarde) zu sehen glaubt als in anderen Städten.

Wir haben gesehen, wie der stolze Magistrat beleidigt auf ›Rabiosus‹ reagierte, zunächst indem er von der Reichsstadt Nördlingen Zensurmaßnahmen zu erwirken trachtete. Dabei ließ er es aber nicht bewenden. Er bewog – dingte? – einige Skribenten dazu, die arg ramponierte Ehre der Reichsstadt zu verteidigen. Aber was sie schrieben, zeichnete sich eher durch Engstirnigkeit, offenen Parteigeist und Verleumdung als durch überlegene Argumentation und Objektivität aus. Einer dieser nicht sehr talentierten Advokaten war der »Erzkomplimentarius« – so Nicolai in seiner ›Reisebeschreibung‹ – G. W. Zapf.[77] Er warf Rabiosus Ungenauigkeiten vor, blieb aber nicht lange auf dem Boden der sachlichen Diskussion. Seitenlang und unermüdlich brandmarkte er die unerhörte Frechheit des Rabiosus, und er glaubte, ihn in die Schranken zu weisen, indem er mit bösen, ehrenrührigen Unterstellungen oder gar Anschuldigungen um sich warf. Außerdem verhehlte er nicht, daß er diesen *Aventurier,* ja Ausgestoßenen in den Kerker wünschte und daß jener auf dem Hohenasperg richtiger säße als der damalige Gast Schubart. Nicht also mit diesem einseitigen Widersacher darf Rabiosus verglichen werden, auch nicht mit dem Autor des ›Rabiosus II. Teil‹,[78] der sich als ein miserabler Denunziant entpuppte, der seinem Gegner ebenfalls das Gefängnis androhte. Statthaft scheint nur der Vergleich mit dem Berliner Aufklärer Nicolai.[79] Selbst wenn er sich von der nach seinem Geschmack übertriebenen Kritik des »schwäbischen Juvenal«, sprich Rabiosus-Wekhrlin, distanziert, so registriert auch er den Verfall und bespöttelt den Eigendünkel der Patrizier. Was die Parität anbelangt, so urteilt er nuancierter als Rabiosus. Aber auch er weist auf die Schwerfälligkeit dieses Systems hin und kann sich einen leichten Spott über die sogenannten Toleranzpasteten nicht verkneifen. Dafür beurteilt er die Wirtschaftstätigkeit Augsburgs positiver; seiner Meinung nach tut es finanziell im kleinen, was Holland im großen Stil betreibt.

Banktätigkeit wird also von ihm begrüßt, während sie für den Physiokraten Wekhrlin nur sterile Spekulation ist.

Die heutigen Geschichtsschreiber haben über die Situation der Stadt ein differenzierteres Urteil gefällt sowohl in wirtschaftlicher als auch geistig-kultureller Hinsicht.[80] Die Parität, selbst wenn sie zur Erstarrung einer Proporzregierung ausartete, war immerhin in der Anlage besser als ein offener und permanenter Bürger- und Religionskrieg.[81]

Ehe Wekhrlin zu seinem heimatlichen Württemberg übergeht, unterwirft er Oberschwaben einem bitteren Angriff. Mit ein paar Sätzen werden die unglücklichen Einwohner dieser stillen Gegenden bösartig verlacht. Nichts sei an ihnen zu retten: weder die Figur noch die Sitten, noch der Geist. Gaßner, der volkstümliche Therapeut, paßt seiner Ansicht nach gut zu der abergläubischen Umwelt, in der er lebt. Ist doch diese Gegend der Mittelpunkt der Hexen, des Aberglaubens und des Unsinns, wie Rabiosus sie mit einer für die Aufklärung höchst typischen Klimax zu charakterisieren glaubt.

In Württemberg verschont Wekhrlins Kritik konsequent den regierenden Herzog Karl Eugen. Wie anfangs im Falle Österreichs richtet sich Rabiosus' Tadel vornehmlich gegen Mißstände verwaltungstechnischer Art oder gegen Institutionen: die Landschaft, die Universität. Er greift die württembergische Landschaft/den Landtag scharf an, diesen, wie er sagt, »Ausschuß der trotzigsten Köpfe der Nation«. Wäre ihm das Wort bekannt gewesen, so hätte er das württembergische Parlament zu einem *reaktionären* Organ abgestempelt. Er konnte nur mit dem damals verfügbaren Wortschatz bemerken, daß sich dieses der »Novität« ständig widersetze. Ganz unrecht hatte er natürlich nicht. Der Landtag war alles andere als eine parlamentarisch-demokratische Vertretungsinstanz. Er repräsentierte vornehmlich aristokratisch-bürgerliche Interessen. Aber er war nichtsdestoweniger imstande gewesen, der anfänglich lässigen, oft skrupellosen Politik des Herzogs die Stirn zu bieten. Und der Jurist J. J. Moser hatte, als er sich für seine unbeugsame Bürgertugend Festungsjahre zuzog, bis ihm schließlich von seiten des Reichshofrates Gerechtigkeit widerfuhr, unleugbar damit ein großes Beispiel wirklicher Zivilcourage an den Tag gelegt. Das Parlament hatte auch den Mut und die Hartnäckigkeit gehabt, einige Klauseln eines Subsidienvertrags zu bekämpfen und abzulehnen, den der Herzog geschlossen hatte. Und in diesem Falle hatte es sicherlich die Interessen der Württemberger besser wahrgenommen als deren leichtsinniger Herrscher. Vorurteile des Aufklärers sind auch in dieser Verachtung des Parlaments mit im Spiele. Die Spitzenposition der Theologie, d. h. der Kirche, in diesem Parlament machte es ihm schon verdächtig. Parlamente hatten für ihn sowieso nicht nur zeitbedingte, sondern auch permanente, grundsätzliche Mängel, deren Aufzählung ihm nicht schwer fiel: Hochmut, Unwissenheit, Parteigeist usw.

Auf die vernichtende Kritik des württembergischen Landtages folgte logischerweise ein hohes Lob auf den regierenden Herzog. Alle Verbesserungen, die eine aufgeklärte Regierung charakterisieren, gingen auf ihn zurück: wie z. B. blühende Künste und Wissenschaften. Hinzu kam noch die Gründung der Karlsschule, die Rabiosus ihm hoch anrechnete. In ihr sei der Geist der Toleranz zu loben, der bei dieser Gründung Pate gestanden hätte. Sein Spott, der wiederum vor dem Thron des Herrschers haltmachte, wandte sich dann mit verdoppelter Kraft gegen die Schreiber und Magister des Landes. Hier wurde die Feder Rabiosus-Wekhrlins eher von persönlichen Ressentiments geführt als vom streng soziologischen Forschungsgeist.

Im allgemeinen fiel seine Beschreibung Württembergs nicht sehr positiv aus, selbst wenn er auf etwas gezwungene Art die Verdienste des Herzogs herauszukehren versuchte. Denn seine geschichtliche Darstellung der herzoglichen Herrschaft und ihrer Wohltaten hatte eine Schwäche: Sie datierte den Beginn dieser neuen Ära nicht genau. Nun hatte es sicherlich einen Wandel im Regierungsstil des Herzogs gegeben; das Störende an seiner Herrschaft war nur , daß er vor diesem Wandel auch schon – und zwar anders – regiert hatte. Er war also nicht nur zu rühmen, sondern auch für die zahlreichen Mißstände zur Verantwortung zu ziehen, auf die Rabiosus deutlich oder verschleiert anspielte.[82] Die Utopie, die dem Württemberg-Kapitel aufgepropft ist – und zwar mit dem Titel ›Patriotische Phantasien‹ –, dient auch kontrastiv zur Aufdeckung von besonderen Mängeln. Wenn beispielsweise in dem utopischen Staat davon die Rede ist, daß die Landeskinder dort nicht in den Dienst fremder Mächte und Herrscher verkauft werden oder daß neue humanere Werbemethoden eingeführt werden, so ist die Kritik an den damaligen allzu bekannten württembergischen Zuständen unüberhörbar. Zwischen den Zeilen der Utopie ist ebenfalls die Verurteilung der Steuereinziehungsmethoden leicht herauszulesen, wie sie Wekhrlin als Schreiber des Ludwigsburger Syndikus aus unmittelbarer Nähe hatte erfahren können. Hinter der Schutzwand der Utopie war es natürlich leichter und ungefährlicher zu kritisieren als mit offenem Visier. Schließlich hatte der Mäzen Karl Eugen vor eben nicht sehr langer Zeit Wekhrlins Berufskollegen Schubart auf den Hohenasperg ohne rechtlich gültige Gründe verbannt. Und seine erstaunliche öffentliche Beichte vom Jahr 1778, die Wekhrlin im ›Felleisen‹ als einen Beweis seines aufgeklärten Geistes auslegte, hinderte ihn nicht daran, besagten Schubart weiterhin gefangenzuhalten. Für den Kritiker war also Vorsicht geboten.

Im ›Schwäbischen Magazin‹ erschien eine Widerlegung des ›Rabiosus‹, die im allgemeinen gemäßigter klang als die des Geheimrates Zapf, selbst wenn die Präambel des Artikels den Autor für einen Landesfeind erklärte. Vier Punkte in der Schilderung des Rabiosus wurden diskutiert: seine Kritik der Theologie, der Schreiber und Magister, der Universität, der Intoleranz. Um den Ruf der württembergischen Wissenschaft zu verteidigen, wurde sogar Kepler bemüht, außerdem gab man zu verstehen, daß sich die Dinge in den zehn Jahren, in denen Rabiosus von Württemberg entfernt gewesen war, geändert hätten. Daran war unbestreitbar etwas Wahres. Die kulturelle Umbruchperiode Württembergs wie Bayerns liegt in dem Jahrzehnt zwischen der Mitte der 60er und der Mitte der 70er Jahre. Selbst wenn Württemberg, wie Wekhrlin anderswo schreibt, sehr spät »auf der Bahn des Lichtes« war, so hatte es sie doch erreicht.[83] Die Kritik des Rabiosus ist eher aus der Erinnerung geschrieben und trifft nicht so ins Schwarze, wie das zehn Jahre zuvor der Fall gewesen wäre. Ihre Spitze war 1778/79 leicht abgestumpft.[84] Insofern hätten sich Wekhrlins Widersacher einen kaltblütigeren und objektiveren Stil leisten können. Jenseits des Sachgehalts der Kritik aber gab es ihren Ton, ihre Vehemenz, und darüber ließ sich schwerer hinwegsehen. Daher die überreizten Reaktionen, als hätte der Autor des ›Rabiosus‹ den Tod verdient.

Jahre später schrieb Ludwig Schubart, der Sohn des Gefangenen vom Hohenasperg, ›Rabiosus‹ habe wie ein Komet auf die friedlichen Gegenden Süddeutschlands gewirkt.[85] Wenn man sich vergegenwärtigt, daß Kometen damals vor allem Schrecken und Verwirrung auslösten, so läßt sich die Schockwirkung ahnen, die das Buch damals verursacht haben muß.

Dieser skandalöse Ton war schon im Titel angedeutet. Wo und wie Wekhrlin dieses so treffende Pseudonym er- oder gefunden hat, bleibt ungewiß. Klar ist nur, daß es ein nachträglicher Einfall gewesen sein muß. Denn der hämisch grinsende Anselmus Rabiosus taucht allein im Titel auf. Die durchsichtige Etymologie des Namens weist auf Zorn, Trotz, Querulanz, Querköpfigkeit, ja Rebellion hin. Ein zorniger, junger Mann also wird hier berichten. Kein pedantisch-bedächtiger Gelehrter, kein Professor wird mit statistischen Hilfsmitteln die bereisten Gegenden beschreiben. Auf Witz, Satire muß man gefaßt sein oder richtiger kann man hoffen. Natürlich steckte hinter dem spöttischen Grinsen des Aushängeschildes/Aushängetitels, der keine Vorfahren hatte, dafür aber eine lange Kette von Nachfahren haben sollte,[86] ein nüchternes Kalkül von Seiten des Autors, der ja schrieb, um gelesen zu werden. Die meisten Reisen zogen die Aufmerksamkeit der Leser durch den Hinweis auf entfernte, geheimnisvolle Gegenden an. Mit dem Reiz der Fremde und Exotik war es hier aber nicht sehr weit her. Um Oberdeutschland ging es bloß. Wollte man also trotzdem die Neugierde des Lesers reizen, so mußte die fehlende Faszination des Fremdartigen geschickt kompensiert werden. Wekhrlin setzte auf den neuen Ton. Der Erfolg gab ihm recht.

Heute noch findet man Exemplare des ›Rabiosus‹ in den Bibliotheken von Straßburg bis Prag über Freiburg, Stuttgart, München, Berlin, Göttingen. Die verzweifelten Konfiszierungsversuche des Augsburger Magistrates sind vollständig fehlgeschlagen.

Bleiben wir aber beim Ton des Werkes und bei seiner globalen Beurteilung und Rezeption. Von einigen seiner Gegner sowie von späten Kommentatoren[87] – aber ohne den gehässigen Unterton der ersteren – wurde behauptet, Wekhrlins Kritik übe sich eher an mittleren Mächten und Gewalten, an untergeordneten Instanzen als an den Herrschern selbst oder an der ganzen Gesellschaft. Somit ließe sich das damalige Geschrei um das Werk mit dem shakespeareschen »viel Lärm um nichts« resümieren. Dazu kann man Verschiedenes bemerken: Wekhrlin vorzuwerfen, er habe die Herrscher nie und die Herrschenden selten frontal angegriffen, ist gewissermaßen unstatthaft. Denn sein politisches Bekenntnis zur aufgeklärten Herrschaft verbot ihm, gegen die Vertreter eines Systems zu Felde zu ziehen, das er ansonsten für richtig hielt. Das wäre inkonsequent gewesen. Soll das aber heißen, daß Wekhrlins Kritik im Grunde für die Monarchie nur staatstragend und -erhaltend wirkte? Das Gegenteil möchten wir behaupten.

Das Fehlen direkter Angriffe bedeutet nicht, daß überhaupt keine zu finden wären gegen Aristokraten und gegen höhere Instanzen. Rabiosus-Wekhrlin hat sich einige nicht unwesentliche Seitenhiebe gegen diese Körperschaften erlaubt. Man erinnere sich etwa an das Österreich-Kapitel, wo der ›Landessitten und Gewohnheiten‹ betitelte Teil folgendermaßen anfängt: »Die guten Tage sind selten bei einem Volke, welches größtenteils entweder unter Pfaffen oder Edelleuten lebt.«[88] Oder an das Bayern-Kapitel und das brutale Wort des Postillons über den politischen Nutzen der Galgen und Räder: »Ohne die Schärfe der Gerichte (...) würde unserm Kurfürsten die Mütze auf dem Kopfe nicht sicher sein.«[89] Denken wir noch an seinen herablassenden Spott über die aristokratischen Stückeschreiber Münchens oder über die Augsburger Patrizier. Diese verstreuten Frechheiten dürften ihre Wirkung damals nicht verfehlt haben. Was die Angriffe auf die untergeordneten Instanzen anbelangt, so dürfen auch sie nicht unterschätzt und verharmlost werden. Die Angegriffenen waren ja nicht wehrlos. Die damalige Ständegesellschaft bildete bei allen ihr innewohnenden Spannungen ein Ganzes. Ein Element dieser hierarchisch aufgebauten, obrigkeitsgebundenen Gesellschaft anzugreifen kam sehr schnell einer globalen Infragestellung der Gesellschaft insgesamt gleich. Nicht anders argumentierte der Kritiker des ›Schwäbischen Magazins‹.[90] Denn ideologisch bildete diese Gesellschaft ein Ganzes. Man konnte die Religion, die katholische in Bayern, die protestantische in Württemberg nicht anfechten, ohne als staatsgefährdend empfunden zu werden. Schockiert hat aber Rabiosus auch durch seine den guten Anstand verletzenden Bemerkungen, wenn er beispielsweise mit einem Anflug großstädtischer Libertinage die Reize der Augsburgerinnen stark herunterspielte. Den Hof- und Weltmann kehrte er in demselben Kapitel heraus, wenn er den Provinzialismus der Augsburger verspottete, die jährlich zweimal nach Wien kämen, »um unter den hölzernen Ständen in der Bognergasse und auf dem Kohlmarkte feil zu haben«. Da schwingen gar heinesche Akzente mit. Natürlich läßt sich Rabiosus' ›Reise‹ nicht zu einem ›Oberdeutschland ein Wintermärchen‹ stilisieren, selbst wenn beiden Autoren von Teilen ihres Publikums eine durchaus vergleichbare Entrüstung begegnete.

Aber es hat keinen Sinn, Negatives und Positives arithmetisch gegeneinander auszuspielen: zum einen, weil die Zeitgenossen das Negative schneller und deutlicher heraushörten als das Positive. Es hob sich akustisch schärfer vom Banal-Bejahenden ab. Die Töne der Kritik brauchten nicht sehr schrill zu sein; sie wurden sofort wahrgenommen. Sie wogen schwerer. Zum zweiten bestand die wahre Kühnheit und Tapferkeit des ›Rabiosus‹ nicht so sehr in den verschiedenen einzelnen Frechheiten, sondern darin, daß sich Wekhrlin ohne Diplome, ohne Amt, ohne Titel auf Gebiete wagte, die bisher zum Reservat der Großen, der Experten gehört hatten. Er war verwegen genug gewesen, die Exklusivität zu durchbrechen. Politik war nicht mehr nur Angelegenheit von Fachleuten oder von Herrschenden.

Da war ein in seinem persönlichen Werdegang untypischer deutscher Intellektueller gekommen, der unbelastet war vom Fluch des politischen Unbeteiligtseins. Er hatte eigenmächtig das Wort ergriffen, man darf sagen erstürmt. Bastillen sind nicht alle aus Stein. Der Öffentlichkeitsraum, den die monarchische Gewalt im Namen der Staatsraison meist kontrolliert, verriegelt hatte, hatte sich unter dem Einfluß der neuen Geselligkeitsformen, die sich seit den 60er Jahren vermehrt hatten, verbreitert.[91] Auch die Moralischen Wochenschriften[92] hatten in diesem Prozeß ihre Rolle gespielt. Nun war man aber ein Stück weiter gegangen. Ein einzelner mit der einzigen Waffe seines Talents, seiner Vernunft, ein Mensch, der – wie ihm sogar vorgeworfen wurde[93] – nicht einmal verheiratet war, wagte sich auf das Parkett der politischen Diskussion. Seine Ironie, sein Witz erschütterten plötzlich das Selbstvertrauen der Herrschenden. Ohne sie gar selbst anzugreifen, zwang er sie zur Verteidigung. Sie wurden zur Rechenschaft gezogen. Man würde nicht mehr wie früher regieren können. Das war das grundsätzlich Revolutionäre, das Emanzipatorische dieser Schrift – trotz ihrer offenbaren Mängel, die uns heute befremden mögen, trotz ihrer sachlichen Ungenauigkeiten, trotz ihrer stilistischen Unebenheiten.

Wie das Organ der süddeutschen Aufklärung Jahre danach Wekhrlin bescheinigte, so hat er dazu beigetragen, das an Nacht und Schlaf gewöhnte Vaterland wachzurufen, den »dichten Schleier von Ehrwürdigkeit zu zerreißen, in welche eine gewisse Classe von Menschen die Mißbräuche einhüllten«.[94] Das war es eben. ›Rabiosus‹ stand am Anfang eines Liberalisierungsprozesses. Er hatte Manifestcharakter. Freiheit stand auf seinem Banner. Es wird Zeit, dieser Schrift zu gedenken. Freiheitsimpulse dürfen der Vergangenheit nicht anheimfallen.

Anmerkungen zum Nachwort

1 Deutschsprachige Veröffentlichungen über Wekhrlins Leben: G. Böhm, Ludwig Wekhrlin. Ein Publizistenleben des 18. Jahrhunderts. München 1893; J. Mondot, Wilhelm Ludwig Wekhrlin. Glanz und Elend eines Publizistenlebens am Ende des 18. Jahrhunderts. In: Jahrbuch des historischen Vereins für Mittelfranken, Bd. 91. Nürnberg 1983, S. 115–128. In französischer Sprache liegt meine umfangreiche Arbeit vor: J. Mondot, Wilhelm Ludwig Wekhrlin, un publiciste des Lumières. Lille/Bordeaux 1986 (2 Bde).

2 Brief an seinen Vetter vom 9. 11. 1780.

3 Vgl. ›Anselmus Rabiosus‹ (künftig zitiert als AR), S. 66f. u. 69.

4 Brief an seinen Schwager vom 21. 6. 1762.

5 Darüber u.a. W. v. Hippel, Auswanderung aus Süddeutschland. Studien zur württembergischen Auswanderung und Auswanderungspolitik im 18. und 19. Jahrhundert. Stuttgart 1984.

6 Über die Abenteurer im 18. Jahrhundert vgl. S. Roth, Aventure et aventuriers au dix-huitième siècle. Essai de sociologie littéraire. Lille 1980, insbes. S. 134ff.

7 Denkwürdigkeiten von Wien [Nördlingen 1777], S. 18.

8 Vgl. den Brief an seinen Schwager vom 6. 1. 1768.

9 Vgl. den Brief an seinen Schwager vom 2. 8. 1771.

10 Vgl. denselben Brief vom 2. 8. 1771. In den ›Chronologen‹ (künftig

zitiert als Chr.) erwähnt er diese ›Caraibischen Briefe‹ (Chr. II, S. 329), ebenso im ›Grauen Ungeheuer‹ VI, S. 36 (künftig zitiert als GU).

11 Vgl. den Brief an seinen Schwager vom 6. 1. 1768.

12 Vgl. S. Roth (wie Anm. 6), S. 403 ff.

13 Vgl. R. Darnton, Bohème littéraire et Révolution. Le monde des livres au XVIIIe siècle. Paris 1983, vor allem S. 7–69.

14 Chr. X, S. 80ff.

15 Brief vom 19. 9. 1780 an seinen Vetter.

16 Vgl. GU VII, S. 10.

17 GU VII, S. 35.

18 Über Wekhrlins Kosmopolitismus: J. Mondot, Le cosmopolitisme contre les xénophobies dans les écrits de W. L. Wekhrlin. In: Revue d'Allemagne, 1987.

19 Vgl. S. Roth (wie Anm. 6), S. 101.

20 Undatierter Brief an seinen Schwager (wohl von Mitte Februar 1768).

21 Vgl. N. Elias, Über den Prozeß der Zivilisation. Soziogenetische und psychogenetische Untersuchungen. 1. Bd.: Wandlungen des Verhaltens in den weltlichen Oberschichten des Abendlandes. Frankfurt/Main [7] 1980, insb. Kapitel V. Nach Norbert Elias hat sich im 18. Jahrhundert die deutsche Universität zum »wichtigsten Präge- und Ausstrahlungszentrum der deutschen Mittelstandskultur« entwickelt, in bewußtem Gegensatz zur höfischen Zivilisation. Das bürgerliche Selbstbewußtsein, das sich in diesem akademischen Abseits bildete, sah sein Hauptbetätigungsfeld im Bereich des Geistes, des Wissens und der Kunst. Die Ausgrenzung aus der aktiven politischen Teilnahme führte zur moralischen Abqualifizierung der Politik.

22 G. W. Zapf, Bemerkungen über Anselmus Rabiosus Reise durch Ober-Deutschland in Briefen an Herrn Hofrath M. Ohrdruf 1778, S. 8.

23 Über C. G. Beck vgl. O. Beck, Verlagskatalog der C. H. Beckschen Verlagsbuchhandlung Oskar Beck in München 1763–1913. München 1913, S. 9–30.

24 Vgl. H. J. Schings, Melancholie und Aufklärung. Stuttgart 1977, S. 234ff.

25 Vgl. Verlagskatalog (wie Anm. 23), S. 21.

26 Vgl. J. Mondot, Carl Gottlob Beck, Klage gegen Wilhelm Ludwig Wekhrlin. In: Einladung ins 18. Jahrhundert. Ein Almanach aus dem Verlag Beck. Hrsg. v. E.-P. Wieckenberg. München 1988, S. 379–385.

27 Aus einem unveröffentlichten Protokoll im Landesarchiv Glarus, Rubr. aEa. Fasc. T. G., n° 11.
28 Hyperboreische Briefe (künftig zitiert als HB) I, S. 9.
29 GU I, S. 9.
30 Zitiert von Wekhrlin in Chr. V, S. 353; diese Stelle ist dem III. Buch des ›Musarion‹ entnommen, vgl. C. M. Wieland, Epen und Verserzählungen. In: Ausgewählte Werke in drei Bänden. Hrsg. v. F. Beißner. München 1964, Bd. I, S. 616.
31 Vgl. Schlichtegrolls ›Nekrolog auf das Jahr 1793‹, Supplementband 1, Gotha 1798, S. 262 und J. Mondot, W. L. Wekhrlin, un publiciste des Lumières (wie Anm. 1), S. 98ff.
32 Vgl. über Waser u. a. R. Graber, Der Waser-Handel. In: Schweizerische Zeitschrift für Geschichte. Bd. 30, Jahrgang 1980, S. 321–356; über Anna Göldin u. a. J. Winteler, Der Anna-Göldin-Prozeß im Urteil der Zeitgenossen. Glarus 1951, sowie die romanhafte Darstellung von E. Hasler, Anna Göldin, letzte Hexe. Zürich 1982. Über Wekhrlins Engagement Näheres in J. Mondot, W. L. Wekhrlin, un publiciste des Lumières (wie Anm. 1), S. 480ff. Die Hinrichtung des Pfarrers Johann Heinrich Waser am 20. 5. 1780 löste in ganz Deutschland eine Welle der Entrüstung aus. Der Publizist Schlözer, in dessen ›Staatsanzeigen‹ Waser die Artikel verfaßt hatte, die von der Obrigkeit beanstandet wurden, reagierte auf diese Verurteilung ausgesprochen heftig. – Das Dienstmädchen Anna Göldin wurde am 18. 6. 1782 in Glarus als Hexe enthauptet. Dieser Prozeß erregte großes Aufsehen, der Streit gegen die Folter als ein Mittel des Verhörs entzündete sich von neuem – zumal Wekhrlin diesen Skandal einem größeren Publikum zur Kenntnis gebracht hatte.
33 Vgl. GU II, S. 128ff.
34 GU II, S. 190.
35 Chr. IX, S. 221.
36 Vgl. Chr. VIII, S. 239; GU IV, S. 252ff.
37 Brief an Großmann vom Februar 1787.
38 Über diese interessante Persönlichkeit vgl. O. Finger, Der Kampf Karl von Knoblauchs gegen den religiösen Aberglauben. In: Beiträge zur Geschichte des vormarxistischen Materialismus. Hrsg. v. G. Stiehler. Berlin 1961, S. 255–297; auch J. Mondot, Carl von Knoblauch ou les audaces religieuses et politiques d'un esprit fort. In: Recherches nouvelles sur l'Aufklärung [hrsg. v. R. Krebs] (= Actes du Congrès de l'AGES 1985), Reims 1987, S. 43–59.
39 ›Promemoria‹ vom 10. 3. 1788.
40 Brief an Großmann vom 21. 5. 1791, erschienen in Großmanns Dramaturgischer Zeitschrift, I. Stück, Hannover 1793, S. 180.

41 Ansbachische Blätter, Nr. 34 vom 3. 11. 1792.

42 Karl Heinrich Ritter von Lang, Annalen des Fürstenthums Ansbach unter der preußischen Regierung von 1792 bis 1806. Frankfurt/Leipzig 1806, S. 5.

43 Schlichtegroll (wie Anm. 31), S. 265.

44 Vgl. GU X, S. 184.

45 Vier Porträts Wekhrlins sind uns bekannt: das eben kommentierte von Schweigländer (vgl. S. 133), ein Profil von Hessel, gest. von C. W. Bock (s. Umschlagbild), eines vom Nördlinger Maler Johannes Müller sowie ein Schattenriß mit einer Umrahmung von A. L. Moeglich.

46 Vgl. ›Paragrafen‹ (künftig zitiert als P) II, S. 292.

47 Karl Heinrich Ritter von Lang, Memoiren. Skizzen aus meinem Leben und Wirken, meinen Reisen und meiner Zeit. Braunschweig 1842, I. Teil, S. 99. Faksimile der Ausgabe 1842 mit einem Nachw. v. H. v. Mosch. Erlangen 1984.

48 P I, S. 15.

49 P I, S. 36.

50 Über seine Haltung zum schönen Geschlecht vgl. J. Mondot, Der Aufklärer W. L. Wekhrlin und die ›bürgerliche Verbesserung‹ der Delinquenten, der Juden und der Frauen. In: Jahrbuch des Instituts für Deutsche Geschichte XV, 1986, S. 91–116.

51 Über die Wiener Grisetten: Chr. III, S. 371ff.; über das Bevölkerungshaus: GU VI, S. 290ff.; zur Idee eines Staatsbordells vgl. Restifs ›Pornographe‹ (1769).

52 Brief an seine Schwester vom 5. 1. 1786.

53 Fast hat man den Eindruck, als hätte sich Wekhrlin damit begnügt, die Liste der Sehenswürdigkeiten abzuschreiben, die sich im Reisebuch von G. F. Krebel befindet; zitiert in: K. v. Reinhardstöttner, Forschungen zur Kultur- und Literaturgeschichte Bayerns III. München 1893, S. 274–275.

54 Über die Physiokratie s. K. Braunreuther, Über die Bedeutung der physiokratischen Bewegung in Deutschland in der 2. Hälfte des 18. Jahrhunderts. (Wissenschaftl. Zeitschrift der Humboldt-Universität zu Berlin V, 1955–56, Nr. 1); H. Häufle, Aufklärung und Ökonomie. Zur Position der Physiokraten im siècle des Lumières. München 1978; s. auch B. P. Priddat, Bibliographie der physiokratischen Debatte in Deutschland 1759–1799. In: Das achtzehnte Jahrhundert. Wolfenbüttel 1985, S. 128–149. Über Wekhrlin und die Physiokraten: J. Mondot (wie Anm. 1), S. 497ff.

55 AR, S. 29.

56 AR, S. 74.

57 Vgl. ›Schwäbisches Magazin‹ 1778, S. 475.
58 Über den Antijesuitismus s. u. a.: R. van Dülmen, Antijesuitismus und katholische Aufklärung in Deutschland. In: Historisches Jahrbuch 89, 1969, S. 52–80.
59 AR, S. 57.
60 HB IV, S. 132.
61 AR, S. 20.
62 Vgl. in diesem Zusammenhang u. a. M. Stolleis (Hrsg.), Staatsdenker im 17. und 18. Jahrhundert. Frankfurt 1977. Ders., Arcana imperii und Ratio status. Bemerkungen zur politischen Theorie des frühen 17. Jahrhunderts. In: Veröff. der Joachim Jungius-Gesellschaft der Wissenschaften Hamburg 39. Göttingen 1980.
63 AR, S. 82.
64 Über diesen Fragenkomplex u. a.: L. Bodi, Tauwetter in Wien. Zur Prosa der österreichischen Aufklärung 1781–1795. Frankfurt 1977.
65 Das Wort ist von E. Friedell geprägt worden; vgl. E. Friedell, Kulturgeschichte der Neuzeit, München 1976, S. 702. Im allgemeinen urteilt er recht streng über Joseph II.
66 AR, S. 87.
67 AR, S. 87f.
68 Vgl. Chr. IV, S. 42ff.
69 AR, S. 29. Über antibayerische Stereotypen in der Reiseliteratur vgl. N. Gockerell, Die Bayern in der Reiseliteratur um 1800. In: Wittelsbach und Bayern III/1. München/Zürich 1980, S. 334–343.
70 Darüber L. Hammermayer, Das Ende des Alten Bayern 1745–1799. In: Handbuch der bayerischen Geschichte. Hrsg. v. M. Spindler, Bd. II. München 1969, S. 985–1102; H. Graßl, Aufbruch zur Romantik. Bayerns Beitrag zur deutschen Geistesgeschichte 1765–1785. München 1968; Von der Aufklärung zur Romantik. Geistige Strömungen in München. (Bayerische Staatsbibliothek) Regensburg 1984.
71 Zitiert von K. v. Reinhardstöttner (wie Anm. 53), Bd. II, S. 243.
72 Vgl. K. v. Reinhardstöttner, Die sittlich-ökonomische Gesellschaft zu Burghausen (wie Anm. 53), Bd. III, S. 95. Vgl. Anm. zu S. 29.
73 AR, S. 30.
74 L. Hammermayer (wie Anm. 70), S. 987.
75 Zitiert von K. v. Reinhardstöttner (wie Anm. 53), Bd. II, S. 249.
76 Vgl. darüber L. Hammermayer, Geschichte der Bayerischen Akademie der Wissenschaften 1769–1786. Bd. II, München 1983, S. 124ff.
77 G. W. Zapf (wie Anm. 22).
78 [G. Morell], Anselmus Rabiosus Reise durch Oberdeutschland, II. Theil. Frankfurt und Leipzig 1778.

79 F. Nicolai, Beschreibung einer Reise durch Deutschland und die Schweiz im Jahre 1781. Berlin 1786, Bd. 7, S. 43 ff. Über die anderen Augsburgreisenden vgl. P. Dirr, Augsburg in der Publizistik und Satire des 18. Jahrhunderts. In: Zeitsch. des hist. Ver. f. Schwaben und Neuburg, 40. Augsburg 1914, S. 117–231.

80 Vgl. darüber die Beiträge von I. Batori, Reichsstädtisches Regiment, Finanzen und bürgerliche Opposition (S. 457–468); P. Fassl, Wirtschaft, Handel und Sozialstruktur 1648–1806 (S. 468–480). In: Geschichte der Stadt Augsburg von der Römerzeit bis zur Gegenwart. Hrsg. v. G. Gottlieb u. a., Stuttgart 1984.

81 Vgl. E. François, Das System der Parität. In: G. Gottlieb (wie Anm. 80), S. 514–519.

82 Zur württembergischen Geschichte vgl. Karl Eugen von Württemberg und seine Zeit. Hrsg. v. Württembergischen Geschichts- und Altertumsverein. 2 Bde. Stuttgart 1909; ferner E. Marquardt, Geschichte Württembergs. Stuttgart 1961; G. Storz, Karl Eugen. Der Fürst und »das alte gute Recht«. Stuttgart 1981.

83 Vgl. GU IX, S. 349.

84 Über Schwabens Aufstieg zum Licht vgl. G. Volz, Schwabens streitbare Musen. Schwäbische Literatur des 18. Jahrhunderts im Wettstreit der deutschen Stämme. In: Veröff. der Kommission f. geschichtl. Landeskunde in Baden-Württ. 107. Stuttgart 1986.

85 L. Schubart, Wekhrlin. In: Deutsche Monatsschrift [Berlin] 1794, 6. Stück, S. 150.

86 Nach E. Weller, Lexikon Pseudonymorum. Regensburg 1886, S. 467, ist das Pseudonym ›Rabiosus‹ bis 1834 verwendet worden. Der russische Aufklärer Raditscheff schrieb 1789 eine ›Reise von Petersburg nach Moskau im Jahre 1789‹, die die wekhrlinsche Reiseform bewußt nachahmte. Anders als sein Vorbild erntete er dafür Ungnade und Verbannung.

87 Insbesondere J. P. Barbe, le voyage fictif, véhicule de la satire et de l'utopie dans la littérature de langue allemande de 1770 à 1805 (Thèse d'Etat). Paris IV 1980, S. 224.

88 AR, S. 21.

89 AR, S. 29.

90 Schwäbisches Magazin (wie Anm. 57), S. 464.

91 Vgl. dazu die bekannte Untersuchung von J. Habermas, Strukturwandel der Öffentlichkeit. Neuwied/Berlin [5]1962 und U. Im Hof, Das gesellige Jahrhundert. München 1982.

92 Dazu W. Martens, Die Botschaft der Tugend. Stuttgart 1968.

93 Vgl. Chr. III, Vorrede.

94 Oberdeutsche allgemeine Litteraturzeitung, Nov. 1788, S. 3071.

Inhalt

Österreich.

Niederbayern.

Oberschwaben.